Plone 4

Administrando servidores Plone 4.x na prática

Rogério da Costa Dantas Luiz

Plone 4

Administrando
servidores Plone 4.x
na prática

Copyright© 2014 por Brasport Livros e Multimídia Ltda.

Todos os direitos reservados. Nenhuma parte deste livro poderá ser reproduzida, sob qualquer meio, especialmente em fotocópia (xerox), sem a permissão, por escrito, da Editora.

Editor: Sergio Martins de Oliveira
Diretora: Rosa Maria Oliveira de Queiroz
Gerente de Produção Editorial: Marina dos Anjos Martins de Oliveira
Revisão de Texto: Maria Inês Galvão
Editoração Eletrônica: Michelle Paula
Capa: Trama Criações

Técnica e muita atenção foram empregadas na produção deste livro. Porém, erros de digitação e/ou impressão podem ocorrer. Qualquer dúvida, inclusive de conceito, solicitamos enviar mensagem para editorial@brasport.com.br, para que nossa equipe, juntamente com o autor, possa esclarecer. A Brasport e o(s) autor(es) não assumem qualquer responsabilidade por eventuais danos ou perdas a pessoas ou bens, originados do uso deste livro.

L953p Luiz, Rogério da Costa Dantas
            Plone 4: administrando servidores Plone 4.x na prática / Rogério da Costa Dantas Luiz. - Rio de Janeiro: Brasport, 2014.

ISBN: 978-85-7452-637-9

  1. Gerenciador de dados   2. Administração de servidores   I. Luiz, Rogério da Costa Dantas II. Título

CDD: 005.7

Ficha Catalográfica elaborada por bibliotecário – CRB7 6355

BRASPORT Livros e Multimídia Ltda.
Rua Pardal Mallet, 23 – Tijuca
20270-280 Rio de Janeiro-RJ
Tels. Fax: (21) 2568.1415/2568.1507
e-mails: marketing@brasport.com.br
              vendas@brasport.com.br
              editorial@brasport.com.br
site: www.brasport.com.br

Filial SP
Av. Paulista, 807 – conj. 915
01311-100 São Paulo-SP
Tel. Fax (11): 3287.1752
e-mail: filialsp@brasport.com.br

Dedicatória

Dedico este livro à minha família.

A todos os que me apoiam em meu trabalho e reconhecem meu valor e minha dedicação.

7

Sobre o Autor

Usuário e aficionado por software livre desde 2003, graduado em Processamento de Dados com ênfase em redes, **Rogério da Costa Dantas Luiz** é administrador de redes e sistemas e servidor público concursado do Ministério Público Federal, atuando na administração de redes do órgão.

Realiza consultorias com foco em implantação de softwares livres, redes de computadores e virtualização em Brasília e ministra treinamentos de TI diversos, inclusive Plone, na capital federal.

Hoje é responsável pela infraestrutura Plone/Zope da Procuradoria da República no DF.

Apresentação

É com imensa felicidade que lanço este livro, que tem como objetivo auxiliar aqueles que querem conhecer ou se aprofundar no uso deste maravilhoso sistema de gerenciamento de conteúdo, o Plone.

O livro tem uma abordagem passo a passo que irá facilitar a implantação da ferramenta de forma simples e efetiva. Mostrarei alguns detalhes de configuração e alguns recursos extras que tive a oportunidade de conhecer durante os quase dez anos de trabalho com este gerenciador de conteúdo. Essas informações farão grande diferença durante a implantação do Plone em um ambiente de produção.

O autor

Sumário

Introdução	1
Softwares envolvidos	2
Capítulo 1. Definições Iniciais	**3**
CMS	3
Python	4
Zope	4
Plone	5
Vantagens de usar Plone	6
Segurança	7
Soluções baseadas em Plone	7
Quem usa Plone?	8
Arquitetura	8
Sobre as novidades da versão 4.3	9
Capítulo 2. Instalação	**10**
Requisitos	11
Privilégios de usuário	12
Acesso à internet	12
Terminal	12
Editor de texto	12
Requisitos de hardware	13
O que é Buildout	13
Parts (peças)	13
Recipes	14
Eggs	14

Vantagens da utilização de Buildout	14
Instalação de dependências	14
Python pré-instalado no sistema	15
Usar ou não usar o ZEO?	16
Executando o Unified Installer	18
Para a instalação standalone	19
Instalação ZEO (Cluster)	21
Capítulo 3. Analisando o Arquivo buildout.cfg	**24**
Buildout.cfg	25
Base.cfg	27
O comando buildout	29
Principais parâmetros	29
Utilização do usuário plone_buildout	30
Capítulo 4. Configurações Iniciais do Site	**31**
Painel de configurações do site	31
Configuração de servidor de e-mail	31
Configuração de segurança	33
Capítulo 5. Interface de Gerenciamento ZOPE (ZMI)	**35**
Criando um novo site	36
Trocando a senha do administrador	37
Painel de controle do Zope	38
Guia Security	38
Capítulo 6. Gerenciamento de Usuários e Permissões	**41**
Criando usuários	41
Via ZMI	43
Papéis e compartilhamento	43
Cassandra	45
Recuperando a senha do usuário administrador	47
Para uma instalação standalone	47
Para uma instalação utilizando ZEO	47
Capítulo 7. Segurança	**48**
Workflows	48
Permissões padrão	50
Capítulo 8. ZODB	**52**
Comparação com outras bases de dados	52
Transações	52

Escalabilidade	53
Tuning e performance	53
Informações gerais do banco de dados	55
Estatísticas de atividade	55
Como usar esta informação?	56
Efetuando pack no ZODB	57
Capítulo 9. ZEO (Zope Enterprise Objects)	**58**
Quando usar o ZEO	58
Capítulo 10. Integração com o Servidor Web	**60**
O que é servidor web?	60
Servidor Apache	60
Instalando o Apache	60
Configuração do Apache	61
Capítulo 11. Otimização de Desempenho	**64**
Infraestrutura Plone/Zope em cinco camadas	64
O que é servidor de cache?	65
O que é servidor Proxy?	65
O que é balanceador de carga?	65
Instalando o produto plone.app.caching	65
Configurações globais	66
Servidores de cache	67
Cache em memória	68
Operações de cache	69
Configurações detalhadas	70
Varnish	71
Instalando o Varnish	72
Integrando o Varnish com o Apache	75
Testes de performance	77
Pound	80
Instalando o Pound	80
Usando o Munin para analisar performance	83
Instalando o Munin	83
Instalando o produto munin.zope	84
Capítulo 12. Instalando Produtos	**89**
Plone Survey	90

Instalação do produto	90
Social Like	93
Instalação do produto	93
Instalando produtos via ZMI	95
Capítulo 13. Integração com Bancos de Dados	**96**
Instalando o servidor MySQL	96
Instalando o conector do Python	97
Instalando o DA ZMySQLDA	97
Suporte a ODBC	101
Conexão com o banco Oracle	101
Capítulo 14. Métodos de Autenticação	**102**
Integração com servidor LDAP	102
Instalando um servidor LDAP	103
Instalando o produto Plone.app.ldap	109
Capítulo 15. Instalação de Temas	**114**
Pesquisando por temas no site plone.org	114
Instalando temas via Buildout	115
Ativando o tema no Plone	115
Instalando temas Diazo	115
O que é Diazo	116
Instalando o tema no Plone	116
Ativando o suporte ao Diazo	117
Acessando a configuração de temas	117
Instale o tema	117
Capítulo 16 – Backup e Restore	**120**
O que é backup	120
Tipos de backup	120
Do que fazer backup?	120
Métodos	121
Repozo	121
Shutdown do Zope para backup do banco de dados	125
Backup utilizando o pack do banco de dados	125
Efetuando o restore	126
Automatização do backup	126
Fontes de Documentação e Referências	**129**

Introdução

A rapidez com que a informação flui na internet torna a utilização de ferramentas de gerenciamento de conteúdo algo essencial nos tempos atuais. Aquela velha figura do webmaster que recebia arquivos do Word por e-mail e os transformava em arquivos HTML para a publicação de sites utilizando um cliente de FTP já não existe mais.

Os conteúdos hoje são publicados pelos responsáveis pelas informações, os gestores de conteúdo, no momento em que a informação chega, na hora em que a notícia acontece, com a alta velocidade que os meios de comunicação modernos podem nos proporcionar.

Hoje não basta ter um sistema de gerenciamento de conteúdo (*Content Management System* – CMS); é preciso que este sistema seja fácil de utilizar, seja aderente aos padrões web e de acessibilidade, tenha as funcionalidades que facilitem a vida dos gestores de conteúdo, além de ser robusto, seguro e principalmente rápido e escalável.

Existem vários sistemas de gerenciamento de conteúdo no mercado, comerciais e de código-fonte aberto, mas iremos abordar neste livro a instalação e configuração de uma infraestrutura que utiliza o Plone, um CMS que é um software livre com características únicas que o fizeram ser a escolha de grandes organizações e de governos em todo o mundo, inclusive o brasileiro.

Esta publicação tem o objetivo de mostrar passo a passo como montar um ambiente PZP (Python – Zope – Plone), mostrando detalhes de configuração de uma estrutura de alta performance usando a versão 4.3 do Plone e outros componentes *open source* que podem servir sites com alta carga de acessos e com um ótimo nível de disponibilidade.

Softwares envolvidos

- **Sistema operacional:** GNU/Debian 7 (Wheezy) – www.debian.org
- **CMS:** Plone – www.plone.org
- **Servidor de aplicação:** Zope – www.zope.org
- **Linguagem de programação:** Python – www.python.org
- **Servidor web:** Apache – www.apache.org
- **Servidor de cache:** Varnish – www.varnish-cache.org
- **Balanceador de carga:** Pound – www.apsis.ch/pound
- **Banco de dados:** MySQL – www.mysql.com
- **Servidor LDAP:** OpenLDAP – www.openldap.org
- **Monitoramento:** Munin – www.munin-monitoring.org

Capítulo 1. Definições Iniciais

CMS

Sistema de Gestão de Conteúdo (SGC) ou CMS, sigla em inglês para *Content Management Systems*. É um sistema que possibilita o gerenciamento ou gestão de conteúdos em websites. É uma ferramenta que facilita a inserção, alteração e exclusão de informações de sites sem a necessidade de conhecimentos de programação.

Um CMS facilita a vida dos administradores de sites, pois já traz recursos básicos pré-configurados ligados à usabilidade, administração e, em alguns casos, até acessibilidade. Assim, o gestor de conteúdo pode se preocupar apenas com as informações ou conteúdos que ele vai publicar.

Ao usar um CMS uma organização pode dispensar serviços de terceiros ou empresas especializadas para manter sua presença na internet, pois a administração do site pode ser feita internamente e a gestão do conteúdo fica a cargo daqueles que são os donos de cada informação. Por exemplo, informações financeiras a serem publicadas ficam sob responsabilidade da área financeira. Já informações ligadas a recursos humanos e contratações ficariam a cargo da área de gestão de pessoas.

Tais facilidades são possíveis porque a única ferramenta necessária para a gestão do conteúdo é o navegador de internet (browser) juntamente com conhecimentos básicos de edição de texto.

Dentre os inúmeros sistemas disponíveis podemos destacar três com código-fonte aberto: Wordpress, Joomla e o Plone.

Python

Python, uma linguagem de programação orientada a objetos, inicialmente era muito utilizada em ambientes acadêmicos. Hoje está presente e é utilizada em várias áreas e por grandes empresas.

Criada pelo desenvolvedor holandês Guido van Rossum no início da década de 90, é uma linguagem amplamente utilizada em projetos de software livre, e seu desenvolvimento é feito de forma comunitária.

A *Python Software Foundation* é uma organização sem fins lucrativos que mantém a marca e gerencia o seu desenvolvimento.

Python roda em praticamente todas as plataformas, como Unix (Linux, FreeBSD, Solaris, MacOS X), Windows, .NET, além de estar presente em inúmeras plataformas móveis.

Seu licenciamento é compatível com a GPL, mas seu modelo é menos restritivo, permitindo distribuir versões modificadas sem abrir o código dessas modificações ou até mesmo combinando Python com outros softwares licenciados de forma diferente.

Projetos como o servidor de aplicações Zope, o site YouTube, o virtualizador Xenserver da Citrix e o serviço Dropbox utilizam Python. O Google, o Yahoo e a Nasa são algumas das grandes organizações que também fazem uso da linguagem.

Python também é uma poderosa linguagem de script, e essa característica fez com que integrasse softwares como Maya, Blender, Autodesk Softimage e GIMP. As principais distribuições Linux disponíveis, como Red Hat, Suse, Debian, Ubuntu, entre outras, já trazem Python instalado por padrão.

Empresas da indústria cinematográfica como a Industrial Light & Magic, que produziu o filme Os Vingadores, também utiliza Python para computação gráfica.

Zope

Zope é um servidor de aplicações desenvolvido pela empresa Digital Creations Inc. que hoje chama-se Zope Corporation. Trata-se de uma plataforma para construção de aplicações web que possui suas próprias linguagens de programação, além de também compreender e servir conteúdos em HTML. Ao acessar um conteúdo o Zope gera as páginas dinamicamente e as entrega para o navegador.

Suas linguagens de programação são a DTML e a ZPT, que têm suas próprias características e regras e que fazem a geração dinâmica das páginas. O Zope é desenvolvido em Python e também suporta a utilização de *scripts* na mesma linguagem, trazendo assim as facilidades e as vantagens da orientação a objetos.

Os conteúdos e objetos disponibilizados pelo Zope são armazenados no ZODB, sigla para *Zope Object Database,* que é o seu banco de dados orientado a objetos. A conexão com sistemas de gerenciamento de bancos de dados relacionais como Oracle, MySQL e PostgreSQL também é possível.

O Zope possui algumas características que o tornam uma poderosa ferramenta para criação de aplicações web, tais como:

> ➢ Seu servidor web, o Zserver, permite que um objeto armazenado no seu banco de dados esteja disponível, respeitando as configurações de segurança definidas, apenas acessando sua URL pelo navegador.
>
> ➢ Possui um poderoso sistema de versionamento que permite desfazer alterações feitas nos objetos nele armazenados.
>
> ➢ O Zope permite a independência do trabalho entre desenvolvedores e web designers, pois as tecnologias utilizadas pelos últimos, como Javascript e CSS, são tratadas de forma transparente. O Zope as ignora e simplesmente repassa estas informações diretamente para o navegador, tratando somente os códigos escritos em suas próprias linguagens.
>
> ➢ É multiplataforma, ou seja, roda em Unix, Linux, Mac OS e em todas as versões do Windows.

Plone

O Plone é um sistema gerenciador de conteúdo livre, gratuito e de código aberto que foi desenvolvido utilizando a linguagem de programação Python e que tem o Zope como seu servidor de aplicações. É um software que visa a facilidade no trabalho de criação, edição e publicação de conteúdos web diversos. Seu foco principal é a facilidade de uso e a aderência a padrões web e de acessibilidade.

Foi criado em 1999 por Alan Runyan, Alexander Limi e Vidar Andersen e recebeu este nome em homenagem a uma banda de música eletrônica ouvida pelos três. Hoje o software é mantido pela Fundação Plone, uma instituição sem fins lucrativos que é responsável pela proteção da marca e pela promoção do software.

Trata-se de um produto pronto que pode ser utilizado "da forma que ele vem na caixa", pois já traz as ferramentas básicas pré-configuradas e prontas para a publicação de conteúdos. Seu design é limpo e aderente aos padrões de acessibilidade, permitindo assim a publicação rápida de um site sem a necessidade de intervenções técnicas de profissionais de programação.

O Plone possui um poderoso sistema de permissões e fluxo de trabalho (*workflow*) que permite a realização de ajustes de segurança de forma simples e rápida.

Sua comunidade é numerosa e recebe contribuições de código e manutenção de desenvolvedores de todo o mundo, muitos destes sendo contratados de grandes empresas como o Google, que, dessa forma, acabam patrocinando de forma indireta o desenvolvimento da plataforma.

Embora seja um software pronto para o uso, o Plone permite inúmeras configurações simples de customização de aparência que também facilitam a sua implantação e adequação mínima à identidade visual das instituições. Tais facilidades, é claro, não excluem a possibilidade de alterações, adaptações e implementações de novas funcionalidades pelas equipes de desenvolvimento das empresas, pois o Plone é desenvolvido seguindo padrões de mercado já consagrados.

Plone é um software amplamente escalável e suas funcionalidades são expansíveis através da adição de componentes extras chamados de produtos.

Vantagens de usar Plone

- É multiplataforma.
- Traz tradução para mais de 55 idiomas.
- Permite que a gestão da informação seja feita por pessoal não técnico.
- Mecanismo de indexação e busca que realmente funciona.
- Poderoso sistema de *workflow* que pode ser adaptável ao negócio.
- É escalável e veloz através de clusterização.
- Possui fácil integração com mecanismos de cache.
- Possui vários mecanismos de autenticação.
- É aderente a padrões web e de acessibilidade.
- É seguro. Dentre as várias opções de sistemas de gerenciamento de conteúdo do mercado, o Plone é a que possui o menor número de vulnerabilidades registradas.

Segurança

Dentre todos os aspectos já citados, segurança é um dos que mais fazem diferença na hora da escolha de um CMS, principalmente se o seu foco é a utilização em um site ou portal corporativo ou de governo. Os números mostram que o Plone é um dos sistemas de gerenciamento de conteúdo mais seguros do mercado.

Veja um levantamento das vulnerabilidades dos sistemas Plone, Joomla e Wordpress registradas entre os anos de 2008 e 2012.

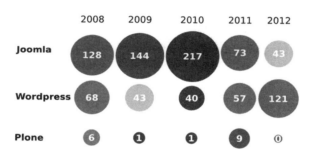

Em 31/05/2013
Fonte: National Vulnerability Database
http://nvd.nist.gov/

Soluções baseadas em Plone

Devido às suas características, já foram desenvolvidas ferramentas para aplicações específicas usando o Plone como base, tais como:

Vindula – www.vindula.com.br – É um sistema que implementa uma intranet completa para pequenas e médias empresas. Pode ser baixado e instalado livremente.

Cynin – www.cynapse.com/cynin – É um site que permite a colaboração e o compartilhamento de conhecimento entre equipes de uma empresa.

Plumi – plumi.org – Solução web que permite a criação de um portal para publicação e compartilhamento de vídeos.

Quem usa Plone?

Por suas caraterísticas de facilidade de uso, robustez e segurança, instituições no mundo todo utilizam Plone em seus websites. A seguir listamos alguns:

Portal do Governo Brasileiro – www.brasil.gov.br

Café com a Presidenta – cafe.ebc.com.br

Sebrae – www.sebrae.com.br

Câmara dos Deputados – www.camara.gov.br

Procuradoria Geral da República – www.pgr.mpf.gov.br

Portal do MPF – www.mpf.mp.br

Nasa Science – nasascience.nasa.gov

Museu de História de Chicago – www.chicagohistory.org

FBI – www.fbi.gov

Arquitetura

Desta forma, uma solução PZP (Python – Zope – Plone) se estrutura assim: Python como a linguagem de programação utilizada, Zope como o servidor de aplicações e Plone como a aplicação que "roda" sobre este servidor de aplicações.

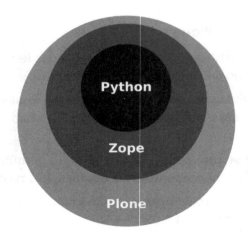

Sobre as novidades da versão 4.3

Além de todas as melhorias, principalmente de performance, presentes nas versões 4.X, a última versão estável, a 4.3, traz mais alguns avanços importantes, tais como:

- ➤ **Dexterity content type framework.** Traz o *framework* de tipos de conteúdo Dexterity, uma alternativa moderna ao Archetypes. Mais informações disponíveis na documentação do Dexterity (http://developer.plone.org/content/dexterity.html).

- ➤ **Pesquisas agora ignoram acentos.** Melhorias no motor de busca do Plone permitem agora ignorar acentos quando se buscam conteúdos.

- ➤ **Melhorias no serviço de sindicalização.** Adicionado o suporte para os formatos de *feeds* Atom e iTunes. As configurações de sindicalização RSS são agora administradas pelo painel de controle do Plone, contando com opções extras de customização simplificada dos *feeds*.

- ➤ **Interface de regras de conteúdo atualizada.** O painel de controle de regras foi atualizado para facilitar a administração e criação de regras de conteúdo. Há também uma nova opção de filtrar regras de conteúdo e formas fáceis de habilitar e desabilitar regras e aplicá-las a todo o site.

- ➤ **Nova API para política de validação de senhas.** Permite a configuração de requisitos de tamanho de senha.

- ➤ **Atualizado o editor TinyMCE.** Atualização do TinyMCE para a versão 3.4. Melhora o suporte para o Internet Explorer. Introduz um novo e simplificado browser para links e imagens, além de adicionar compatibilidade ao Dexterity.

- ➤ **Manipulação de imagens facilitada.** Interface para manipulação de imagens disponível nas configurações do site.

Capítulo 2. Instalação

O Plone pode ser instalado nos seguintes sistemas operacionais:
- Windows.
- Linux.
- MacOS X.
- BSD.

Neste livro iremos abordar a instalação *Unified Installer*, para sistemas baseados em Unix. Este é um dos principais métodos para instalação em sistemas Linux e outros baseados em Unix, embora não seja o único.

Uma das grandes vantagens do *Unified Installer* é que ele torna o processo de instalação mais automatizado e traz várias configurações predefinidas, inclusive algumas relacionadas à segurança, sendo então mais indicado para situações de produção. Nele a maioria dos pacotes necessários para uma instalação padrão do Plone já está incluída, o que também facilita a instalação em ambientes inicialmente sem acesso à internet.

Outro método de instalação muito utilizado, principalmente quando se quer ter um controle maior da instalação ou quando o objetivo é o desenvolvimento, é a realização da instalação dos componentes do ambiente, um a um. Nesses casos faz-se a instalação separadamente do Python e de vários outros componentes, como **Distribute**, que é um *framework* para gerenciamento de pacotes Python, **PIP**, que é um instalador de pacotes mais amigável, e o **Buildout**, que é uma ferramenta para construção de software que permite montar todo o ambiente.

Independentemente do método escolhido para a instalação, para a criação do ambiente para o Plone serão necessários dois conjuntos de componentes:

> ➢ O kit do compilador GNU C (gcc).

> ➢ As versões de desenvolvimento das bibliotecas de sistema requeridas pelo Plone. Essas bibliotecas são de uso comum e normalmente já são incluídas pelas distribuições Linux.

Estão também disponíveis instaladores exclusivos para sistemas operacionais Windows de 32 e 64 bits e para o sistema operacional MacOS X.

 Não serão abordadas as instalações em Windows, MacOS X e BSD. Para mais informações sobre instalação em outros sistemas acesse: **http://plone.org/documentation/manual/installing-plone.**

Requisitos

Todos os procedimentos de instalação a seguir consideram um computador com um sistema operacional Linux pré-instalado. Iremos utilizar uma instalação padrão da distribuição Linux GNU Debian 7 (*Wheezy*) para exercer o papel de servidor. Os comandos a serem executados podem ser feitos sem alterações na distribuição Ubuntu Linux e, com alguns ajustes, devem também se adaptar facilmente a outras distribuições, como OpenSuse ou CentOS.

Conhecimentos básicos de conceitos de redes de computadores, de administração de servidores Linux e linhas de comando são necessários.

Privilégios de usuário

Todos os comandos a serem executados a partir deste ponto consideram que se tenha acesso local ou remoto à máquina e que se utilize o usuário *root*, pois serão necessárias permissões para instalar pacotes, criar usuários e outras tarefas administrativas.

Procedimentos que necessitam de privilégio de superadministrador (*root*) podem exigir a utilização do *sudo* (comando que permite a execução de tarefas com privilégios de *root*).

Acesso à internet

O acesso à internet é essencial para a instalação de componentes extras como servidores web, de cache, balanceador de carga, entre outros.

Terminal

Será necessário acessar o console de linha de comando do Linux. Para isso podem ser utilizados os seguintes softwares:

- Gnome Terminal (GNOME).
- Konsole (KDE).
- Qualquer outro console similar aos anteriores em sistemas Linux, BSD ou Mac OS X.
- Putty (caso seja feito o acesso remoto ao servidor Linux a partir de sistemas operacionais Windows).

Editor de texto

Para a edição dos arquivos de configuração será necessário um editor de textos. Algumas opções são:

- **vi** – Presente em todas as distribuições Linux.
- **gedit** – Disponível nos sistemas que utilizam o ambiente gráfico Gnome.
- **kedit** – Presente no ambiente gráfico KDE.
- Ou qualquer outro editor de sua preferência.

Requisitos de hardware

Para definir o hardware necessário para um site Plone deve-se verificar a quantidade de sites que compõem o portal, a previsão de acessos simultâneos de cada site e também a infraestrutura de segurança que será utilizada. Mas, de forma geral, os requisitos a seguir dão uma ideia de um hardware mínimo para o servidor Plone.

Hardware mínimo

- No mínimo 256 MB de RAM e 512 MB de *swap* (memória auxiliar do sistema operacional) por site Plone.
- No mínimo 512 MB de espaço em disco.

Hardware recomendado

- 2 GB ou mais de memória RAM por site Plone.
- 40 GB ou mais de espaço em disco.

 Ambientes que utilizam servidores de cache podem aumentar os requisitos de memória RAM.

O que é Buildout

Buildout é uma ferramenta de código-fonte aberto que auxilia o desenvolvimento e a construção de software. Desenvolvida em Python, dá suporte à criação de instâncias de aplicações. Criada inicialmente para aplicações escritas em Python, permite também a instalação e a configuração de softwares escritos em outras linguagens de programação. A criação das aplicações é estruturada em módulos denominados *parts* ou peças. Essas peças permitem a configuração de componentes diversos como módulos Python, servidores HTTP, servidores de aplicação, entre outros.

Parts (peças)

Parts são as seções do arquivo de Buildout onde ficam as configurações específicas de um componente, tais como *backup, client, zeoserver*. Várias dessas *parts* precisam de *recipes* que trazem as definições do componente em questão.

Recipes

Recipes, ou receitas em português, são componentes do Buildout que facilitam a instalação e configuração de softwares. Essas receitas são usadas para criar cada peça (*part*) do Buildout e são instaladas no formato de pacotes *eggs* do Python. Tais pacotes podem ser desenvolvidos usando um pacote *egg* de desenvolvimento específico (*development egg*) ou podem ser baixados de repositórios como o *Python Package Index* (PyPI). Os *recipes* são muito úteis, pois permitem instalações personalizadas e até com compilação de pacotes.

Eggs

Egg ou *Python Egg* é um pacote com a extensão **.egg** utilizado para distribuir softwares ou componentes de projetos escritos em Python. Semelhante aos pacotes **.rpm** ou **.deb** de algumas distribuições Linux, ele permite que a instalação e a resolução de dependências sejam feitas de forma automática. Os pacotes *egg* são úteis também para o compartilhamento e reuso de código entre projetos diferentes.

São muito semelhantes aos pacotes *jar* utilizados em Java. Seu empacotamento geralmente é feito usando um formato *zip* e o arquivo gerado contém informações específicas do pacote, como versão, lista de dependências, códigos Python, entre outros.

Vantagens da utilização de Buildout

> Configuração centralizada das instâncias, facilitando a configuração de um *cluster* de instâncias.

> Configuração centralizada de pacotes, o que facilita a instalação e a remoção de produtos.

Instalação de dependências

Neste momento iremos fazer a instalação de versões de desenvolvimento de algumas bibliotecas de sistema, além dos pacotes para compilação.

Recomenda-se também instalar as bibliotecas **libssl** e **readline** e os seus pacotes de desenvolvimento **libssl-dev** e **readline-dev**. Esses pacotes não são obrigatórios, mas adicionam funcionalidades extras. A **libssl** é necessária para usar TLS (*Transport Layer Security*) na comunicação com seu servidor de e-mail, o que pode ser muito importante caso os dois servidores não estejam na mesma rede local. Leia o arquivo README.txt do *Unified Installer* para mais detalhes.

Diferentemente das versões anteriores, a versão atual do instalador exige o pacote **sudo** para iniciar o processo de instalação, pois será utilizado um usuário específico para as configurações (*plone_buildout*) e outro para a execução dos *daemons* (*plone_daemon*).

Desta forma, os requisitos básicos para instalação via *Unified Installer* são:

- build-essential.
- sudo.
- libssl-dev.
- libxml2-dev.
- libxslt1-dev.
- libbz2-dev.
- zlib1g-dev.
- python-dev (iremos utilizar a pacote Python já presente na instalação do Linux).

Acesse o servidor pelo terminal local, ou via SSH caso esteja acessando a máquina remotamente, com o usuário *root*. Já no console, para a instalação execute os comandos a seguir:

```
#apt-get install build-essential sudo libssl-dev libxml2-
-dev libxslt1-dev libbz2-dev zlib1g-dev python-dev
```

É desejável que outras bibliotecas adicionais sejam instaladas para manipulação de imagens, dentre outras tarefas. Para tanto, execute a seguinte linha de comando:

```
#apt-get install libjpeg62-dev libreadline-gplv2-dev
python-imaging
```

Caso queira indexar documentos do MS Word e PDF, serão necessários componentes específicos – para instalá-los utilize os seguintes comandos:

```
#apt-get install wv poppler-utils
```

Python pré-instalado no sistema

O *Unified Installer* poderá instalar uma versão compatível do Python para você, contudo você pode querer usar a versão do Python já incluída no sistema, caso este seja compatível com os requisitos de instalação do Plone.

Caso escolha usar o Python pré-instalado no sistema, é interessante usar o *virtualenv* para isolar a instalação do Zope/Plone dos pacotes do sistema. O *Unified Installer* fará isso para você automaticamente.

A Versão 4.3 do Plone necessita da versão 2.7 do Python. Felizmente, a instalação padrão do Debian 7, que iremos utilizar, já traz esta versão do Python por padrão. Caso vá utilizar outra distribuição Linux, verifique a disponibilidade do pacote Python.

Para verificar se o Python está instalado e qual a sua versão digite:

```
#python -V
```

O resultado deste comando mostrará a versão instalada.

```
Python 2.7
```

Usar ou não usar o ZEO?

Esta provavelmente deve ser a primeira pergunta a ser feita antes de iniciar a instalação do Plone.

O *Unified Installer* oferece duas diferentes estratégias para a configuração do seu ambiente Zope/Plone:

- A instalação *standalone*.
- A instalação *ZEO Client/Server* (*Zope Enterprise Objects*), que permite que você tenha vários processos Zope *clients* (ou servidores separados) que compartilham um banco de dados comum.

Instalação standalone

A instalação *standalone* é mais simples de entender, integrar e controlar e provavelmente é a melhor escolha para um ambiente simples ou de testes. Nela, a aplicação Plone/Zope e o banco de dados, o ZODB, são instalados e tratados como "uma coisa só".

Neste cenário a instalação é limitada a somente uma instância, o que, dependendo do ambiente, pode ser insuficiente.

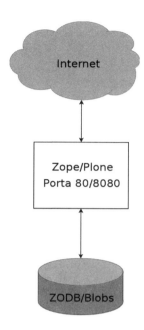

Instalação ZEO Client/Server

Este tipo de instalação traz várias vantagens para um uso em produção:

> **Melhores opções de balanceamento de carga.** Mesmo sem um hardware ou um software balanceador de carga, rodar processos independentes de cliente e servidor permite espalhar melhor a carga nos vários núcleos dos processadores dos servidores atuais. Usando um *proxy* balanceador de cargas resultados ainda melhores são possíveis.

> **Possibilidade de separação das instâncias de publicação e de administração das instâncias usadas para acesso anônimo.** Tal configuração faz com que acessos com privilégios mais elevados (sem cache) não concorram com os acessos feitos por usuários externos, que normalmente precisam de mais performance.

> **Banco de dados e aplicação são instalados de forma independente** e, portanto, podem ser gerenciados de forma separada, além de permitir a execução de múltiplas instâncias rodando na mesma máquina ou até mesmo em máquinas separadas.

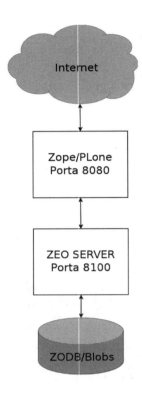

Executando o Unified Installer

Agora iremos baixar o instalador para iniciar a instalação. Execute o comando a seguir:

```
#cd /usr/src
```

```
#wget https://launchpad.net/plone/4.3/4.3.2/+download/
Plone-4.3.2-UnifiedInstaller.tgz
```

 No momento da publicação deste livro o *release* mais atual do Plone é o 4.3.2, que traz correções de *bugs* e vulnerabilidades.

Após baixar o pacote, descompacte-o com o comando a seguir:

```
#tar -xvzf Plone-4.3.2-UnifiedInstaller.tgz
```

Principais parâmetros de linha de comando do Unified Installer

- `--password=InstancePassword`. Define a senha do usuário *admin* do Zope. Se não for especificada, uma senha aleatória será gerada.
- `--target=pathname`. Local onde será gerada a instalação (o padrão é /usr/local/Plone).
- `--clients=client-count`. Número de clientes na instalação usando ZEO. O padrão é 2.

Para ver as demais opções de instalação do *Unified Installer*, execute o comando a seguir a partir do diretório do instalador:

```
./install.sh --help
```

Para a instalação standalone

Como dito anteriormente, esta instalação é mais limitada e mais utilizada principalmente em ambientes de teste. Para tornar o servidor Plone/Zope mais performático e escalável faz-se necessário realizar a instalação de *cluster* utilizando o servidor ZEO. Caso seja este o seu objetivo, pule para a seção **Instalação ZEO (Cluster)** mais adiante.

Acesse o diretório do instalador:

```
#cd Plone-4.3.2-UnifiedInstaller
```

Execute os comandos a seguir para iniciar a instalação *standalone* no diretório /usr/local/Plone (padrão) com a senha do usuário administrador igual a **admin**.

```
#./install.sh --password=admin standalone
```

Veja as mensagens e aguarde o término da instalação. Após a instalação bem-sucedida serão exibidas as mensagens a seguir:

```
##########################################################
############ Installation Complete ####################
Plone successfully installed at /usr/local/Plone
See /usr/local/Plone/zinstance/README.html
for startup instructions
```

```
Use the account information below to log into the Zope Ma-
nagement Interface
The account has full 'Manager' privileges.
Username: admin
Password: admin
This account is created when the object database is ini-
tialized. If you change the password later (which you
should!), you'll need to use the new password.
Use this account only to create Plone sites and initial
users. Do not use it for routine login or maintenance.
- If you need help, ask the mailing lists or #plone on irc.
freenode.net.
- The live support channel also exists at http://plone.org/chat
- You can read/post to the lists via http://plone.org/foru-
ms
- Submit feedback and report errors at http://dev.plone.org/
plone
(For install problems, specify component "Installer (Uni-
fied)")
```

Iniciando a instância em debug mode para depuração

A execução em modo de depuração (*debug mode*) é útil para verificar se houve algum problema durante a instalação. Para iniciar em modo de depuração execute:

```
#cd /usr/local/Plone/zinstance

#bin/instance fg
```

Diversas mensagens são exibidas na tela. Caso tudo ocorra perfeitamente, será exibida a seguinte mensagem ao final da execução:

```
Zope Ready to Handle Requests
```

Para finalizar a execução em modo de depuração digite Ctrl + C.

Iniciando a instância normalmente

Para iniciar a instância normalmente execute:

```
#bin/instance start
```

Acessando os logs

Os arquivos de *logs* do Zope/Plone ficam armazenados no diretório **log**, localizado em **/usr/local/Plone/zinstance/var/**. Estão disponíveis dois tipos de *log*, o de eventos (instance.log) e o de acessos HTTP (instance-Z2.log).

Para visualizar o *log* de eventos execute:

    #cat var/log/instance.log

Para acessar o *log* de acessos web digite:

    #cat var/log/instance-Z2.log

Acessando o site

Ao acessar pelo navegador o endereço http://ip_do_servidor:8080, será exibida a seguinte tela, onde é possível realizar a criação do site:

Instalação ZEO (Cluster)

Execute os comandos a seguir para iniciar a instalação ZEO no diretório **/usr/local/Plone** com a senha do usuário administrador igual a **admin**:

    #cd Plone-4.3.2-UnifiedInstaller
    #./install.sh --password=admin zeo

Agora veja as mensagens e aguarde o término da instalação. Após a instalação bem-sucedida serão exibidas as mensagens a seguir:

    ##
    #################### Installation Complete###############

```
Plone successfully installed at /usr/local/Plone
See /usr/local/Plone/zeocluster/README.html
for startup instructions

Use the account information below to log into the Zope Ma-
nagement Interface
The account has full 'Manager' privileges.

Username: admin
Password: admin

This account is created when the object database is ini-
tialized. If you change the password later (which you
should!), you'll need to use the new password.

Use this account only to create Plone sites and initial
users. Do not use it for routine login or maintenance.

- If you need help, ask the mailing lists or #plone on irc.
freenode.net.
- The live support channel also exists at http://plone.org/
chat
- You can read/post to the lists via http://plone.org/foru-
ms

- Submit feedback and report errors at http://dev.plone.
org/plone
(For install problems, specify component "Installer (Uni-
fied)")
```

Iniciando o Zeoserver e uma das instâncias em debug mode para depuração:

```
#cd /usr/local/Plone/zeocluster

#bin/zeoserver start

#bin/client1 fg
```

Iniciando cluster normalmente

```
#bin/plonectl start
```

Acessando os logs

Os arquivos de *logs* do Zope/Plone ficam armazenados no diretório **var**, localizado em **/usr/local/Plone/zeocluster,** separados em diretórios um para cada instância. Estão disponíveis dois tipos de *log*, um para os *logs* de eventos (event.log) e outro de acessos HTTP (Z2.log).

Para visualizar o *log* de eventos da instância **client1** execute:

```
#cat var/client1/event.log
```

Para acessar o *log* de acessos web desta mesma instância digite:

```
#cat var/client1/Z2.log
```

Nessa instalação de *cluster* há também um *log* exclusivo para o servidor ZEO. Para acessá-lo execute:

```
#cat var/zeoserver/zeoserver.log
```

Acessando o site

Ao acessar pelo navegador o endereço **http://ip_do_servidor:8080**, será exibida a a mesma tela mostrada ao final da instalação *standalone* feita anteriormente, indicando que o Plone foi instalado e está em funcionamento. Nessa tela é possível realizar a criação do site.

Capítulo 3. Analisando o Arquivo buildout.cfg

Agora que já temos uma instalação completa com ZEO pronta, faremos a análise do arquivo de Buildout utilizado.

As versões atuais do Plone utilizam por padrão oito arquivos de configuração do Buildout. São eles:

- buildout.cfg;
- base.cfg;
- versions.cfg;
- develop.cfg;
- lxml_static.cfg;
- zopeapp-versions.cfg;
- zope-versions.cfg;
- ztk-version.cfg.

Resumidamente, os arquivos **buildout.cfg** e **base.cfg** contêm as definições de uma instalação Plone. O arquivo **develop.cfg** é utilizado para configurações que serão usadas em ambiente de desenvolvimento.

Já os outros cinco arquivos trazem, de forma geral, definições de versões de pacotes *egg* utilizados e normalmente não necessitam de alterações.

Faremos a partir de agora um pequeno detalhamento dos dois principais arquivos de configuração de nosso ambiente, o **buildout.cfg** e o **base.cfg**.

Buildout.cfg

É o arquivo que traz as configurações gerais do ambiente, além de fazer a referência para os outros dois arquivos. Nele são encontradas as seguintes definições:

- URL do repositório da versão do Plone a ser utilizada.
- Usuário utilizado na execução dos *daemons* do Plone.
- Usuário utilizado na execução do Buildout.
- Lista dos principais pacotes *eggs* que serão utilizados na instalação (ou aqueles que serão incluídos posteriormente).
- Define o diretório **var**, onde serão gravados os arquivos, o banco de dados e os *logs*.
- Define o diretório de backup.
- Define as *parts*.
- Define o local dos arquivos de desenvolvimento.
- Configurações dos clientes e do Zeoserver.

Normalmente as configurações e alterações são feitas neste arquivo.

O trecho *extends* "linka" outros arquivos ao arquivo de configuração principal buildout.cfg:

```
[buildout]
extends =
    base.cfg
    versions.cfg
```

Uma das seções mais importantes do arquivo **buildout.cfg** é a seção *eggs*. Nela são listados os produtos básicos da instalação e onde são inseridos produtos adicionais.

```
eggs =
    Plone
    Pillow
```

Alguns produtos mais antigos exigem a adição de informações na seção **zcml**, por uma questão de compatibilidade. Ao instalar um novo produto preste sempre atenção neste detalhe.

```
##############################################

# ZCML Slugs
# ----------
# Some eggs need ZCML slugs to tell Zope to
# use them. This is increasingly rare.
zcml =
#    plone.reload
```

A seção **Parts** define cada "peça" da instalação do Plone, tais como o Zeoserver, os *clients*, as definições de backup e permissões.

```
parts =
    zeoserver
    client1
    client2
    backup
    zopepy
    unifiedinstaller
    precompiler
    setpermissions
```

Na seção **Major Parts** são definidas configurações gerais do Zeoserver e dos clientes, tais como endereços e portas.

```
##############################################

# Major Parts
# ----------------------
# These common parts make use of sane base settings from
# base.cfg. To customize a part, just add whatever options
# you need. Read base.cfg for common settings.

 [zeoserver]
<= zeoserver_base
recipe = plone.recipe.zeoserver
zeo-address = 127.0.0.1:8100
```

```
[client1]
<= client_base
recipe = plone.recipe.zope2instance
zeo-address = ${zeoserver:zeo-address}
http-address = 8080

[client2]
<= client_base
recipe = plone.recipe.zope2instance
zeo-address = ${zeoserver:zeo-address}
http-address = 8081
```

Base.cfg

O arquivo **base.cfg** é o responsável por trazer definições mais específicas da instalação, tais como:

> Configuração de *logs* e sua rotação (gerenciamento do armazenamento dos *logs*).

> Detalhes das definições dos *zeo-clients* e do Zeoserver.

> Detalhes das configurações de backup e seus *scripts*.

> Define as permissões dos diretórios.

Na seção **instance_base** estão definidas algumas configurações comuns das instâncias, tais como usuário e a habilitação ou não do modo de *debug*.

```
[instance_base]
user = ${buildout:user}
effective-user = ${buildout:effective-user}
debug-mode = off
verbose-security = ${buildout:verbose-security}
deprecation-warnings = ${buildout:deprecation-warnings}
```

No trecho a seguir são definidos o tamanho dos arquivos de *log* e a sua rotação, ou seja, a quantidade de arquivos a serem mantidos.

```
event-log-max-size = 5 MB
event-log-old-files = 5
access-log-max-size = 20 MB
access-log-old-files = 5
```

As configurações mais detalhadas do Zeoserver e dos clientes estão neste trecho **zeoserver_base** do arquivo **base.cfg**.

```
[zeoserver_base]
effective-user = ${buildout:effective-user}
var = ${buildout:var-dir}
blob-storage = ${buildout:var-dir}/blobstorage
zeo-log      = ${buildout:var-dir}/zeoserver/zeoserver.log
pid-file     = ${buildout:var-dir}/zeoserver/zeoserver.pid
socket-name  = ${buildout:var-dir}/zeoserver/zeo.zdsock
[client_base]
user = ${buildout:user}
effective-user = ${buildout:effective-user}
debug-mode = off
verbose-security = ${buildout:verbose-security}
deprecation-warnings = ${buildout:deprecation-warnings}
```

A seção **backup** define a localização dos diretórios onde serão armazenados os arquivos de backup.

```
[backup]
# This recipe builds the backup, restore and snapshotbackup
commands.
# For options see http://pypi.python.org/pypi/collective.
recipe.backup
recipe = collective.recipe.backup
location = ${buildout:backups-dir}/backups
blobbackuplocation = ${buildout:backups-dir}/blobstorageba-
ckups
snapshotlocation = ${buildout:backups-dir}/snapshotbackups
```

```
blobsnapshotlocation = ${buildout:backups-dir}/blobstora-
gesnapshots
datafs = ${buildout:var-dir}/filestorage/Data.fs
blob-storage = ${buildout:var-dir}/blobstorage
```

Não iremos abordar o conteúdo dos arquivos develop.cfg, pois este se destina a configurações de ambientes voltados para desenvolvimento.

Também não iremos detalhar o conteúdo dos arquivos versions.cfg, lxml_static.cfg, zopeapp-versions.cfg, zope-versions.cfg e ztk-version.cfg, pois são arquivos que fazem o ajuste das versões dos pacotes que compõem a instalação e normalmente não são feitas alterações nestes arquivos.

O comando buildout

Após a realização de qualquer alteração nos arquivos de configuração do Buildout (buildout.cfg, base.cfg, developer.cfg e outros) deve-se executar o comando **buildout**. Este comando lê as definições dos arquivos de configuração e realiza as ações de download, compilação e outros ajustes necessários.

Principais parâmetros

As opções de linha de comando do **buildout** podem ser exibidas pelo comando:

```
bin/buildout --help
```

Veja a seguir alguns dos principais parâmetros do comando:

- **-v.** Aumenta o nível de "verbosidade" do *log*.
- **-q.** Diminui o nível de "verbosidade".
- **-c.** *config_file*. Especifica o caminho de um arquivo de Buildout customizado a ser utilizado. Caso não seja especificado, utiliza o arquivo **buildout.cfg** no diretório atual.
- **-t socket_timeout.** Parâmetro utilizado para definir o *timeout* de conexões. Útil para conexões lentas com a internet.
- **-U.** Para utilizar um usuário diferente durante a execução.
- **-o.** Executa em modo *offline*.

> **-O.** Executa em modo *online*. Este é o modo padrão.

> **-n.** Caso seja utilizado, o Buildout irá tentar achar as versões mais novas dos pacotes instalados.

> **-N.** O inverso do parâmetro anterior, ou seja, não tenta encontrar as versões mais novas dos pacotes.

> **-D.** Opções para depuração de erros.

Utilização do usuário plone_buildout

Para aumentar a segurança, a partir da versão 4.3 passa a ser exigida na execução do comando **buildout** a utilização de um usuário exclusivo. A partir de agora é exigido o usuário **plone_buildout** para a execução do comando, de acordo com o exemplo a seguir:

```
# sudo -u plone_buildout bin/buildout -vvv
```

Para desabilitar este comportamento é necessário remover a extensão **buildout.sanitycheck** incluída no arquivo **base.cfg**.

Por padrão, a simples chamada do executável realiza a ação utilizando o arquivo **buildout.cfg**. Caso seja necessário utilizar um arquivo específico como o developer.cfg ou qualquer outro personalizado, deve-se usar o parâmetro **-c**, conforme o exemplo a seguir:

```
# sudo -u plone_buildout bin/buildout -c developer.cfg
```

Capítulo 4. Configurações Iniciais do Site

Veremos agora algumas configurações básicas que são necessárias para o início da utilização de um site Plone recém-instalado.

Painel de configurações do site

No painel de configurações do site podem ser feitas configurações diversas, tais como:

- Definição do servidor de e-mail.
- Idioma.
- Configurações de navegação.
- Definições de segurança.
- Regras de conteúdo.
- E várias outras.

Configuração de servidor de e-mail

Ao acessar o painel de configurações do Plone é exibido um alerta para a configuração do servidor de e-mail. Este alerta continua visível enquanto esta definição não for feita. Esta configuração é importante, pois permite que ações que envolvam o envio de mensagens de e-mail sejam feitas. Solicitações de recuperação de senha, notificações configuradas nas regras de conteúdo e contatos com o administrador feitos por visitantes são alguns exemplos de tarefas que dependem desta configuração.

32 Plone 4 – Administrando Servidores Plone 4.x na Prática

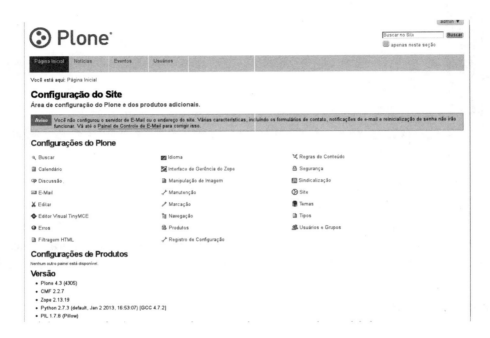

Para realizar a configuração clique no item "E-Mail" e preencha de acordo com as configurações do seu ambiente:

Configuração de segurança

Essas configurações são de suma importância, pois definem comportamentos ligados à segurança do site. É preciso atenção ao realizar essas definições, pois aqui pode-se eliminar a possibilidade de acesso não autorizado.

Ativar o autorregistro

Caso esteja habilitada, esta opção permite que um visitante se registre no site. Esta pode ser uma opção interessante em um site de comunidade ou portal colaborativo, mas em outros casos tal comportamento pode não ser adequado.

Permitir aos usuários a definição da própria senha

Esta opção está intimamente ligada à forma de autenticação a ser usada no ambiente. Caso seja usado um método de autenticação utilizando um servidor externo (banco de dados, LDAP ou outros), o ideal é que esta opção esteja desabilitada.

Ativar pastas dos usuários

Esta opção permite que usuários tenham um espaço "pessoal", onde eles têm liberdade para criar seu próprio conteúdo. Em combinação com a opção "Ativar o autorregistro", em algumas situações pode ser extremamente danoso. Utilize com cuidado.

Permitir a qualquer um ver as informações de conteúdo

Permite que anônimos vejam informações relativas ao conteúdo. Informações como a do usuário que fez a publicação é uma delas.

Usar e-mail para autenticação

Esta opção define que os usuários deverão utilizar seu endereço de e-mail ao invés do nome de usuário para se autenticar no site.

Manutenção

Nesta seção do painel de configurações é possível desligar ou reiniciar a instância do Plone, verificar o tamanho da base de dados e até mesmo realizar o *pack* (saiba mais sobre *pack* no capítulo 16) do banco de dados.

Capítulo 5. Interface de Gerenciamento ZOPE (ZMI)

A **ZMI** (*Zope Management Interface*) é a interface de administração acessível via web onde se realizam tarefas avançadas de administração. Para acessá-la basta adicionar o termo **/manage** no final da URL do site ou acessar o link **Interface de Gerência do Zope** presente no painel de configurações do site.

Caso queira acessar a raiz da ZMI, ou seja, ter acesso às configurações do Zope a um nível acima ao nível do site, utilize a URL **http://ip_do_servidor:porta/manage**. Note que as opções disponíveis mudam bastante.

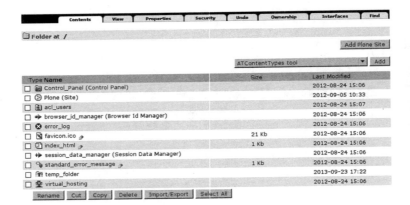

Criando um novo site

Várias tarefas de administração e manutenção do sistema podem ser feitas pela ZMI. Podemos inclusive criar outro(s) site(s) Plone. Para isso, estando na raiz da ZMI, clique no menu *dropdown* à direita e selecione **Plone Site** ou clique diretamente no botão **Add Plone Site**.

Criar um site Plone

Identificador de caminho
A identificação do site. Será utilizado como parte da URL. Não é permitido o uso de caracteres especiais.

Plone

Título
Um nome curto para o site. Ele será mostrado no título da janela do navegador em cada uma das páginas

Site

Idioma
O idioma principal do site.

Português (Brasil)

Produtos
Selecione os produtos que você deseja instalar imediatamente. Você também pode instalar produtos depois que o site foi criado usando o painel de controle.

- **Tipos de conteúdo Dexterity**
  Configura os vários componentes necessários para suporte ao Dexterity.

- **Suporte a temas Diazo**
  Instala um painel de controle que permite a criação de temas utilizando Diazo

- **Suporte a cache HTTP**
  Instala plone.app.caching

- **LDAP support**
  Manage LDAP and Active Directory support for Plone.

- **Suporte de autenticação OpenID**
  Adiciona suporte para autenticação com credenciais OpenID em um site Plone

Trocando a senha do administrador

Para realizar a troca da senha do administrador do Zope siga os passos:
1. Acesse a raiz da ZMI.
2. Vá até **acl_users > users > password**.

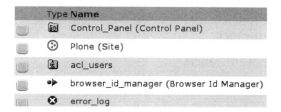

3. Digite e senha e confirme.

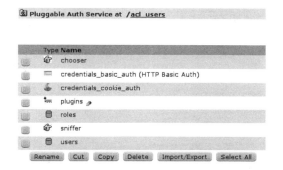

Painel de controle do Zope

Na raiz da ZMI está disponível um outro painel de controle; desta vez, o do Zope. Nele é possível visualizar informações como:

> Versão do Zope.

> Versão do Python instalado.

> Plataforma do sistema.

> Localização da instância.

> Porta utilizada pela instância.

> Número do processo.

> O tempo de execução.

> Realizar *pack* do banco de dados.

> Informações de *debug,* entre outras.

Neste painel também é possível desligar ou reiniciar a instância.

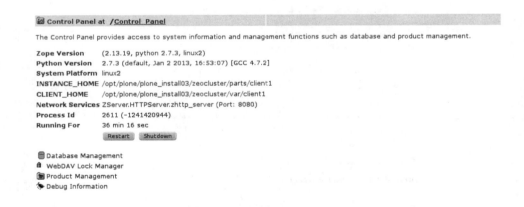

Guia Security

Na ZMI, há uma guia *Security* onde podemos visualizar uma listagem extensa de permissões que são atribuídas a papéis (*roles*) de todo o Zope. De forma geral, essas permissões seguem uma regra de herança que é definida pela opção "Acquire permission settings". Isso significa que as permissões concedidas a esses papéis são as mesmas do objeto pai.

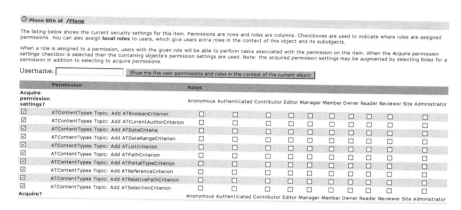

As definições de segurança no Zope são aditivas; logo, uma permissão em um nível marcada com a opção "Acquire" irá herdar as permissões do nível superior (objeto pai) somadas às configurações definidas localmente. De forma geral, essas permissões não devem ser modificadas na guia *Security*, e sim através da guia de compartilhamento do site Plone ou pela ferramenta de *workflow* (*portal_workflow*).

A guia *Security* tem também a finalidade de listar as permissões de um papel existente e de adicionar um novo papel personalizado. É possível adicionar novos papéis de forma simples, de acordo com a necessidade. Cada membro do site pode possuir vários papéis ao mesmo tempo, o que facilita muito o gerenciamento da segurança, pois um papel recém-criado vai precisar conter um conjunto muito menor de permissões, já que as outras provavelmente estão sendo tratadas pelos papéis preexistentes. A criação e a exclusão de papéis podem ser feitas pelo formulário localizado na parte inferior da guia *Security* na raiz do portal.

Usuários podem ser associados a papéis manualmente usando o objeto *portal_role_manager* em *acl_users* na raiz de sua instância Plone. Entretanto, é mais comum e indicado atribuir papéis a grupos e então adicionar usuários nos grupos, como descrito no capítulo 6.

| Roles | Activate | Undo | Ownership | Interfaces | Security | Properties |

Group Aware Role Manager at /Plone/acl_users/portal_role_manager

Current Roles (Add a role)

Note that adding or removing a role here does not have much effect if you do not do the same in the root of the site (at the bottom of the Security tab at manage_access).

Role	Description	Assignments
☐ Contributor		?
☐ Editor		?
☐ Manager		? Administrators
☐ Member		?
☐ Owner		?
☐ Reader		?
☐ Reviewer		? Reviewers
☐ Site Administrator		? Site Administrators

Remove Role Assignment

Capítulo 6. Gerenciamento de Usuários e Permissões

Criando usuários

Para facilitar o gerenciamento de usuários o Plone utiliza o recurso de grupos. Para administrar papéis e permissões de uma quantidade grande de usuários de forma simultânea, os grupos são a melhor opção.

A tela de administração de usuários, no painel de controle do Plone, permite criar usuários e incluí-los em grupos. Ao atribuir um papel a um grupo todos os usuários nele inclusos irão receber as mesmas permissões relacionadas a este papel.

Atribuir papéis a usuários individualmente não é muito comum, embora em alguns casos seja necessário. Mas é inegável que criar grupos e atribuir papéis a eles torna o gerenciamento mais simples, pois, mesmo que se tenha apenas um usuário, criar um grupo para ele irá facilitar a administração, caso se tenha no futuro mais usuários que necessitem das mesmas permissões. Há também a possibilidade de adicionar usuários a vários grupos, permitindo assim classificar os poderes de cada um de acordo com os grupos existentes. O Plone já possui definidos por padrão os grupos *administrators*, que são aqueles com poder de administração no site, e *reviewers*, que são aqueles responsáveis pela revisão de conteúdo antes da publicação.

Novos papéis criados na ZMI podem ser aplicados a usuários ou grupos pelo painel de administração de usuários do Plone. Para atribuir os papéis existentes ou aqueles personalizados, simplesmente marque as caixas correspondentes e em seguida clique em "Aplicar alterações".

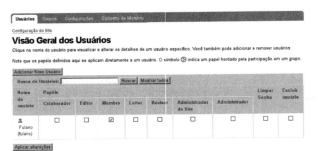

Para associar usuários ao grupo, clique no grupo "Pesquise", marque os usuários relevantes e clique no botão adicionar. Uma vez dentro de um grupo, o usuário terá todos os papéis atribuídos para aquele grupo, além de quaisquer papéis atribuídos exclusivamente a ele.

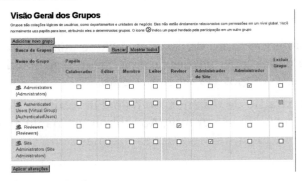

Membros do grupo Administrators

Voltar para a Visão Geral dos Grupos
Você pode adicionar ou remover grupos e usuários desse grupo em particular aqui. Note que isso não exclui o grupo ou o usuário, ele apenas é removido desse grupo.

Membros atuais do grupo
Não existem grupos ou usuários anexados a este grupo.

Buscar por novos membros do grupo

Entre com o nome de grupo ou usuário a ser procurado ou clique em 'Mostrar Todos'.

Membros do grupo Administrators

Voltar para a Visão Geral dos Grupos
Você pode adicionar ou remover grupos e usuários desse grupo em particular aqui. Note que isso não exclui o grupo ou o usuário, ele apenas é removido desse grupo.

Membros atuais do grupo
Não existem grupos ou usuários anexados a este grupo.

Buscar por novos membros do grupo

Via ZMI

O gerenciamento de usuários e papéis também pode ser feito pela ZMI. Para tanto, basta acessar *acl_users* e em seguida *source_users*.

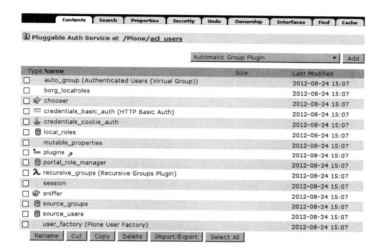

Em seguida, clique em "Add a User". Será apresentada a tela a seguir. Preencha com o *id* e o nome do novo usuário.

Papéis e compartilhamento

É comum a necessidade de conceder permissões específicas a um usuário ou grupo em um determinado local do site, diferente das permissões concedidas no restante dele.

Para definir as permissões nas diversas áreas de um site Plone utiliza-se a guia "Compartilhamento". Neste local, pode-se definir quais níveis de acesso terão os usuários ou grupos cadastrados no Plone. Esta guia também pode ser acessada adicionando "@@sharing" no final da URL desejada.

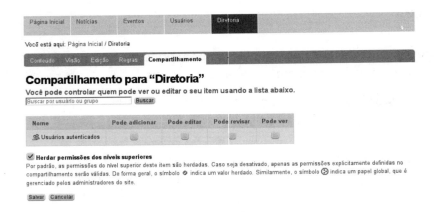

A guia de compartilhamento permite a pesquisa por usuários ou grupos e a associação destes a um determinado perfil, além da habilitação ou desabilitação da herança de permissões dos níveis superiores.

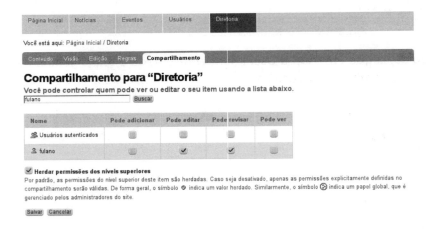

A atribuição de permissões utiliza herança, assim como acontece na ZMI. Quando um usuário possui uma permissão em um nível do site, em todos os níveis abaixo ele irá herdar esta mesma permissão, não sendo possível assim alterá-la localmente.

Um bom exemplo é o da figura a seguir, onde não há a possibilidade de alterar as permissões do usuário **fulano** na pasta **/diretoria/documentos**, pois estas foram atribuídas no nível superior, em **/diretoria**.

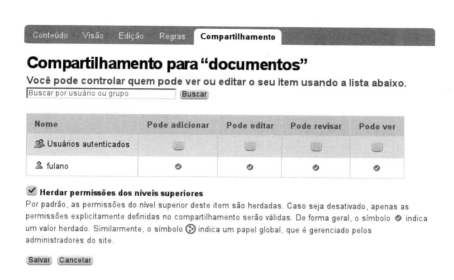

Caso queira desabilitar a configuração de herança, desmarque a opção "Herdar permissões dos níveis superiores". A partir daí pode-se configurar permissões exclusivas, ignorando as configurações dos níveis superiores.

Cassandra

O gerenciamento e o controle das permissões de um site pequeno são tarefas simples, mas, em um ambiente com dezenas de pessoas adicionando conteúdos, estas tarefas podem se tornar um pouco mais complicadas. Infelizmente, a instalação padrão do Plone não inclui nenhum mecanismo que permita listar as permissões dos usuários do site.

Para suprir essa deficiência foi desenvolvido o produto **Cassandra** (http://pypi.python.org/pypi/zopyx.plone.cassandra). Trata-se de um componente adicional que permite a geração de um relatório dos usuários e suas permissões em cada local do site.

Para instalar o produto adicione **zopyx.plone.cassandra** às seções **eggs** e **zcml** do arquivo **buildout.cfg**, como mostrado a seguir:

```
eggs =
    zopyx.plone.cassandra
```

```
zcml =
    zopyx.plone.cassandra
```

Após a adição das linhas, execute o Buildout e depois reinicie o Plone.

```
# sudo -u plone_buildout bin/buildout -vvv
# bin/plonectl restart
```

O produto pode ser ativado já no momento de criação de um novo site Plone – neste caso, escolha o produto **zopyx.plone.cassandra** já na tela de criação do site.

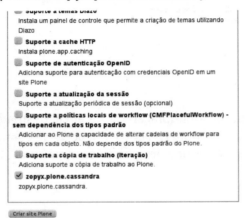

Em um site já existente, ative o componente na seção de produtos do painel de configurações do site.

Para gerar um relatório de um local específico do site acesse a pasta desejada e adicione "@@cassandra" à URL, como no exemplo a seguir.

Recuperando a senha do usuário administrador

A senha do usuário **admin** (administrador criado durante a instalação) é gerada pela definição feita no arquivo **buildout.cfg** ou pela utilização do parâmetro **password** na instalação via *Unified Installer*. Em caso de perda da senha, a melhor maneira de se restabelecer o acesso é criar um novo administrador e, após autenticar-se com esta conta nova, realizar a troca da senha da conta de administrador antiga. Em um Plone que não esteja em execução, execute os passos a seguir, de acordo com o tipo de instalação:

Para uma instalação standalone

```
#bin/instancia adduser usuario senha
```

Neste momento o Zope iniciará momentaneamente e adicionará o novo usuário.

Para uma instalação utilizando ZEO

Primeiramente inicie somente o Zeoserver:

```
#bin/zeoserver start
```

Depois adicione o novo usuário com o comando:

```
#bin/clientX adduser usuario senha
```

onde **X** é o número da instância.

Capítulo 7. Segurança

A segurança de um site Plone é definida através da combinação de permissões dadas na ZMI, com papéis (editor, colaborador, revisor) definidos para cada usuário, com permissões locais dadas em cada pasta, em conjunto com os grupos padrão ou personalizados e com os fluxos de trabalho definidos na ferramenta de *workflow* (*portal_workflow*). Conhecer esses mecanismos é útil para definir a forma como os itens ou objetos do site se comportarão, assim como os usuários do site.

As permissões dão a definição do que um usuário pode fazer em determinado contexto. Com elas podemos definir como serão feitos os acessos a métodos, *scripts*, *templates*, mudanças de *workflow*, objetos e itens individuais dentro do site.

Workflows

Os *workflows* têm duas finalidades básicas:

> Definir o ciclo de vida de um item de conteúdo compreendendo todos os seus estados desde a sua criação, passando pelos processos de revisão e chegando ao seu estado final.

> Controlar as permissões de cada item em cada um de seus estados.

Estão disponíveis na ferramenta *portal_workflow* vários perfis de *workflows* pré-configurados para tipos específicos de sites, como intranets, extranets e outros. Na maioria dos casos, esses perfis são suficientes para o gerenciamento de permissões dos conteúdos de um site Plone.

Por padrão, o Plone utiliza o perfil *Simple Publication Workflow*, que traz três estados básicos (Privado, Publicado e Pendente).

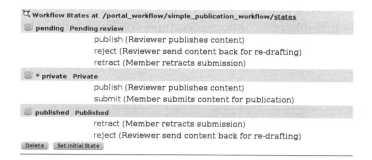

A mudança de estados do *workflow* é feita, na guia "visão", pelo menu *dropdown* "Estado" no canto superior direito de um conteúdo. São exibidas apenas as opções que o usuário possui permissão para editar. A lista deste menu são as transições configuradas nos estados do *workflow* do objeto *portal_workflow* da ZMI.

Por exemplo, para mudar o estado de um item de **privado** (*private*) para o **publicado** (*published*) você utiliza a transição *publish*.

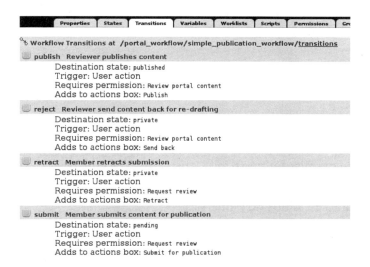

Normalmente todos os tipos de conteúdo possuem exatamente um *workflow* associado a ele. Isso também é configurado através da ferramenta *portal_workflow*. Ao acessar o conteúdo da ferramenta de gerenciamento do *workflow* é possível visualizar os fluxos de trabalho atualmente disponíveis e modificar o comportamento destes fluxos.

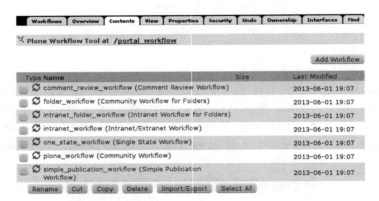

Após configurado, o *workflow* irá gerenciar as permissões de um objeto de acordo com o seu estado no momento da transição.

É importante atualizar as configurações de segurança sempre que forem alteradas as configurações de *workflow* clicando no botão "Update security settings" na base da guia "Workflows" dentro de *portal_workflow* na ZMI.

Além dos perfis pré-configurados, há a possibilidade de criar um novo *workflow* personalizado para atender a necessidades específicas.

Permissões padrão

A atribuição de permissões não é feita a usuários de forma direta e sim aos papéis (*user roles*) desses usuários.

Os papéis padrão incluídos no Plone são:

➢ *Contributor* (colaborador).

➢ *Editor*.

- ➢ *Manager* (administrador).
- ➢ *Site Administrator* (administrador do site).
- ➢ *Member* (membro).
- ➢ *Reader* (leitor).
- ➢ *Reviewer* (Revisor).

Existem também alguns papéis que são atribuídos de forma automática, como dono (*owner*), anônimo (*anonymous*) e autenticado (*authenticated*). Dono somente se aplica ao usuário que criou determinado conteúdo; já os anônimos são todos aqueles que não estão autenticados.

As permissões mais comuns são:

- ➢ *View* (visualizar).
- ➢ *Modify portal content* (modificar conteúdo do portal).
- ➢ *Access contents information* (acessar informações do conteúdo).
- ➢ *List folder contents* (listar conteúdo de pasta).

Conhecidas como *CMF Core permissions*, em geral, a maioria dos tipos de conteúdo usa essas permissões básicas para acessar e modificar dados do site.

Capítulo 8. ZODB

Comparação com outras bases de dados

Bases de dados relacionais são muito eficientes para manipular grandes quantidades de dados homogêneos. No entanto, bancos relacionais suportam estruturas de dados hierárquicas até um determinado ponto. A utilização de relacionamentos de chaves estrangeiras deve fazer referência a uma tabela única, então somente um único tipo pode ser armazenado.

Bases de dados hierárquicas (como por exemplo um LDAP ou um sistema de arquivos) são muito mais adequadas para modelar as flexíveis hierarquias necessárias para aplicações de gerência de conteúdo. Porém, esses sistemas não suportam verdadeiramente semânticas transacionais.

ORMs (*Object-Relacional Mapping*) como o SQLAlchemy permitem trabalhar com bancos relacionais de uma maneira muito mais prazerosa, orientada a objetos. No entanto, não superam as restrições inerentes ao modelo relacional.

O ZODB é um sistema quase transparente para persistência de objetos Python e possui características que foram fortemente influenciadas pelo Smalltalk. Como uma base de dados orientada a objetos, ele permite a flexibilidade de construir um modelo de dados compatível com a sua aplicação. Um usuário ou desenvolvedor dificilmente precisará se preocupar com a persistência das informações, pois ela é tratada de forma transparente.

Transações

O ZODB é um sistema transacional em seu núcleo. As transações fornecem controle de concorrência e atomicidade. As transações são executadas como se tivessem acesso exclusivo aos dados, de modo que o desenvolvedor de uma aplicação não precise se preocupar com *threading*. Naturalmente, não existe nada que previna duas solicitações simultâneas e conflitantes, então são feitas verificações no momento do *commit* da transação, a fim de garantir consistência.

Desde o Zope 2.8, o ZODB implementa controle de concorrência multiversionado. Isso significa o fim de erros do tipo *ReadConflictErrors*, pois cada transação tem a garantia de ser capaz de carregar qualquer objeto como ele era quando a transação iniciou.

Escalabilidade

O Python é limitado a uma única CPU pelo *Global Interpreter Lock*, mas este não é um grande problema, pois o ZEO permite rodar múltiplos servidores de aplicações que compartilham uma única base de dados. O ZEO permite ainda conectar uma sessão de *debug* à sua base de dados, concomitantemente ao seu servidor web Zope, funcionalidade inestimável para depuração de erros.

O ZODB também oferece suporte a particionamento, permitindo distribuir suas informações ao longo de múltiplos armazenamentos.

Outro motivo comum para usar particionamento é o fato das configurações de cache de memória do ZODB serem feitas por base de dados. Separar o catálogo em outro armazenamento permite configurar um maior tamanho de cache de destino para os objetos do catálogo do que para os objetos de conteúdo. Como a interface do Plone gira bastante em torno do catálogo, essa técnica pode trazer um benefício de performance significativo, especialmente em sites de grande porte.

 Mais informações sobre separação de bancos de dados no Zope: http://plone.org/documentation/kb/multiple-plone-sites-per-zope-instance-using-separate-data.fs-files-for-each-one.

Tuning e performance

Alguns ajustes podem ser necessários para melhorar o desempenho do Zope ao ambiente e à demanda a que o site (ou os sites) deverá(ão) atender. Configurações específicas relacionadas ao cache e à quantidade de conexões podem ajudar os *zeo-clients* a otimizar a comunicação e as requisições que são feitas ao ZODB.

Uma boa opção é rodar um *zeo-client* (instância) para cada processador (ou núcleo) no seu servidor. Esta não é uma regra, mas pode ser um ponto de partida para começar a ajustar o seu ambiente.

Se a aplicação trabalha com muitos objetos e arquivos grandes, com certeza será necessário ter memória suficiente para trabalhar com eles ou limitar o número de objetos que serão armazenados no cache, garantindo que o Zope não comece a usar muita memória e consequentemente obrigue o sistema operacional a fazer *swap*.

Em contrapartida, se o número de objetos em cache é muito pequeno, mais acessos ao banco de dados precisarão ser feitos, gerando mais I/O e sobrecarregando, assim, o ZODB.

Parâmetros que influenciam na performance geral:

> Número máximo de *threads* que o processo do Zserver pode usar (dois, por padrão).

> Número de objetos a serem mantidos no cache da conexão do Zserver com o ZODB (30.000, por padrão).

Ou seja:

Thread = Conexão

2 *threads* = 2 conexões

Cada conexão = 30.000 objetos

2 x 30.000 = 60.000 objetos por padrão

As conexões e *threads* são definidas no arquivo **zope.conf** de cada instância. Caso queira alterar os valores, insira as linhas correspondentes no arquivo **buildout.cfg**, na seção de cada instância, de acordo com o exemplo a seguir:

```
[client1]
<= client_base
recipe = plone.recipe.zope2instance
zeo-address = ${zeoserver:zeo-address}
http-address = 8080
zodb-cache-size = 35000
zserver-threads = 4
```

Há também o parâmetro *zeo-client-cache-size* (em MB), relacionado ao cache utilizado pelos *zeo-clients*. A partir da versão 4.x o valor padrão é 128 MB. Esta configuração é importante, pois armazena localmente um cache, no diretório **/tmp**, fazendo com que o acesso aos dados seja local, e não seja feito um uso desnecessário da rede. Caso os *zeo-clients* e o ZODB estejam na mesma máquina, configure este parâmetro com o mínimo possível para não ocupar espaço desnecessário no disco do servidor.

Para alterar o valor padrão deste parâmetro, insira a linha a seguir na seção do cliente do arquivo **buildout.cfg**:

```
[client1]
zeo-client-cache-size
```

Informações gerais do banco de dados

A guia **Database** do painel de controle do Zope, na ZMI, permite visualizar diversas informações sobre o banco de dados utilizado na instalação. Estão disponíveis informações sobre a localização do arquivo do banco de dados, o tamanho atual deste banco, permite visualizar a sua atividade e os parâmetros de cache, além de permitir a realização do *pack* deste banco e do *flush* do cache.

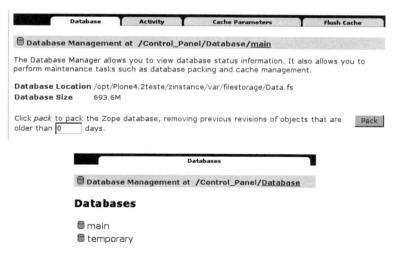

Estatísticas de atividade

Na guia *Activity* há um gráfico que exibe a atividade do ZODB. Este gráfico pode ser útil para descobrir se estão ocorrendo muitas gravações ou leituras no banco.

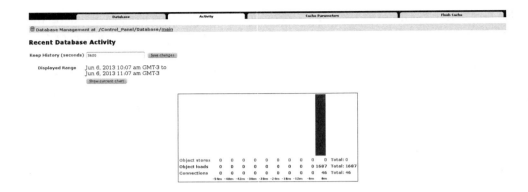

Como usar esta informação?

Para acelerar e otimizar o acesso ao banco de dados (ZODB) o Zope utiliza um cache que armazena uma grande quantidade de objetos no primeiro acesso, mas que, em acessos posteriores, serão lidos deste cache, em vez de serem lidos do banco de dados.

Caso o Zope faça cargas de muitos objetos do ZODB a cada requisição, é sinal de que o valor do cache precisa ser aumentado. Em contrapartida, um valor alto do número de objetos no cache pode significar uso de memória desnecessário. Um balanceamento é necessário para obter a melhor performance possível de acordo com os recursos de memória disponíveis.

Informações sobre as conexões e objetos em cache

A guia *Cache Parameters* também traz informações úteis com relação à quantidade de objetos armazenados no banco de dados e nos caches.

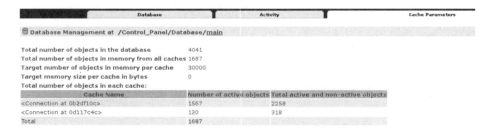

Já a guia *Flush Cache* permite remover todos os objetos persistentes dos caches, diminuindo o uso de memória. Os objetos necessários serão recarregados no cache assim que ocorrer uma nova solicitação de acesso.

Mais informações sobre performance podem ser encontradas em: http://plone.org/documentation/kb/scaling-and-performance/.

Efetuando pack no ZODB

O *pack* do ZODB é um procedimento que visa a diminuição do tamanho do banco de dados do Zope/Plone mediante a exclusão de versões antigas de objetos armazenados. O *pack* do ZODB pode ser feito pelo painel de configurações do Plone, na seção "Manutenção", como mostrado anteriormente, ou pela ZMI na guia *Database* do painel de controle do Zope.

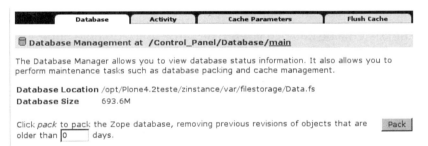

Embora sejam opções úteis, nenhuma das duas é muito prática. Para facilitar a vida dos administradores, as versões atuais do Plone trazem um *script* pronto para a realização do *pack* do banco.

Para executá-lo basta utilizar a seguinte linha de comando:

```
#/usr/local/Plone/zeocluster/bin/zeopack
```

O comando criará um arquivo **Data.fs.old** no diretório padrão de armazenamento do banco de dados (**/usr/local/Plone/zeocluster/var/filestorage**). Por padrão será feito o *pack* de um dia, ou seja, removerá do arquivo **Data.fs** as versões dos objetos modificadas há mais de um dia. Caso queira alterar esta configuração, edite diretamente o arquivo **zeopack** ou inclua o parâmetro *pack-days* na seção do Zeoserver do arquivo **buildout.cfg**.

Capítulo 9. ZEO (Zope Enterprise Objects)

Quando uma aplicação se torna lenta por estar recebendo um grande número de requisições, uma das soluções é utilizar mais de um servidor para distribuir a carga e, caso um falhe, o outro pode servir a aplicação normalmente. Um grande problema desta solução é a base de dados, pois manter várias instâncias Zope separadas, com suas bases sincronizadas, não é simples. Para resolver este problema a Zope Corporation criou o ZEO.

O ZEO é um sistema de balanceamento de carga utilizado pelo Zope. O servidor ZEO é um servidor de armazenamento que permite que múltiplas instâncias do Zope se conectem a uma única base de dados. Rodando o Zope em vários computadores, é possível propagar os pedidos igualmente e adicionar mais instâncias se necessário, de modo que, caso um falhe, os outros possam atender aos pedidos.

Quando usar o ZEO

Mesmo que seu site não receba muitas requisições, é recomendado usar o ZEO, pois, mesmo em um desenho e em uma configuração mais básica, ele já proporciona um ganho de performance. De forma geral, listo a seguir alguns indicadores para sua utilização:

- Seu site está recebendo muitas requisições e é necessário balancear os acessos.
- Seu portal precisa funcionar ininterruptamente.
- Em caso de problemas, há a possibilidade de depurar o funcionamento de uma instância, enquanto as outras funcionam normalmente.

Para melhorar a performance de sua instalação recomenda-se a utilização do ZEO (*Zope Enterprise Objects*), pois assim é possível aproveitar melhor os vários núcleos dos processadores modernos e assim colher os benefícios do multiprocessamento.

Sempre desabilite o modo *debug* (depuração) quando o portal estiver em produção, pois melhora consideravelmente a performance.

Capítulo 10. Integração com o Servidor Web

O que é servidor web?

Servidor web é um software responsável por exibir conteúdos de arquivos HTML de programas cliente, os browsers ou navegadores. O servidores web utilizam o protocolo de comunicação HTTP e são os principais componentes responsáveis pela disponibilização de sites e diversos conteúdos na internet.

Exemplos de servidores web: Apache e Nginx.

Servidor Apache

O servidor web Apache é um software livre de código-fonte aberto e gratuito. Trata-se do servidor web mais utilizado em todo o mundo. É mantido pela Fundação Apache, que é também responsável por vários outros projetos de sucesso, como o servidor de aplicações Apache Tomcat e a suíte de escritórios Apache OpenOffice.

Muito versátil, o Apache permite a ampliação de suas funcionalidades através da agregação de módulos extras.

É também um software multiplataforma, estando disponível em versões para Linux, Windows, Unix, Novell Netware, FreeBSD, entre outros.

Instalando o Apache

Para a instalação do servidor web Apache no Debian será necessária a instalação do pacote "apache2". Execute a instalação a partir da linha de comando a seguir:

```
#apt-get install apache2
```

Verificando se o Apache foi instalado corretamente

Ao acessar o servidor via browser pelo endereço **http://seu_servidor**, a página a seguir deve ser exibida:

> **It works!**
> This is the default web page for this server.
> The web server software is running but no content has been added, yet.

Configuração do Apache

O Apache escuta (recebe as requisições) na porta 80, e a instância do Zope, na porta 8080. Para que o acesso seja feito externamente é necessário que o Apache atue como *proxy* e permita que os visitantes acessem o site pela porta 80.

Infraestrutura Plone/Zope utilizando o Apache como front-end

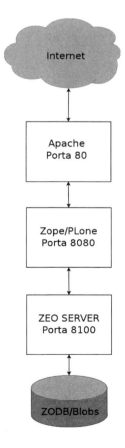

Para tornar esta configuração possível será necessário habilitar os módulos *rewrite* (necessário para a reescrita de URLs) e o modo *proxy* com os seguintes comandos:

```
#a2enmod rewrite
#a2enmod proxy
#a2enmod proxy_http
#/etc/init.d/apache2 restart
```

Criação de hosts virtuais

Iremos agora adicionar um *host* virtual (*Virtual Host*) no Apache para que seja possível o acesso ao site. Para isso será necessário criar um arquivo chamado **plone.conf** no diretório de configuração de sites do Apache localizado em **/etc/apache2/sites-enabled/** com as informações a seguir:

```
NameVirtualHost *
<VirtualHost *>
    ServerAlias nome_do_servidor
    ServerSignature On

    ProxyVia On

    # prevent your web server from being used as global HTTP proxy
    <LocationMatch "^[^/]">
      Deny from all
    </LocationMatch>

    <Proxy *>
        Order deny,allow
        Allow from all
    </Proxy>

    RewriteEngine on
    RewriteRule ^/(.*) http://localhost:8080/VirtualHostBase/http/%{SERVER_NAME}:80/Plone/VirtualHostRoot/$1 [P,L]

</VirtualHost>
```

Integração com o Servidor Web   63

As configurações mostradas exigem que haja um servidor DNS configurado na rede e que este possua um registro que aponte para o site a ser configurado.

Para mais informações sobre *virtual hosts* do Apache e integração com o Plone acesse: http://plone.org/documentation/kb/plone-apache/virtualhost http://httpd.apache.org/docs/current/vhosts/examples.html.

Para instalação e configuração do servidor Nginx em substituição ao Apache, há um tutorial no seguinte link: http://developer.plone.org/hosting/nginx.html.

Capítulo 11. Otimização de Desempenho

Para otimizar o desempenho de uma instalação do Plone, costuma-se usar uma infraestrutura em camadas, onde cada uma tem um papel específico. Em uma camada superior, também chamada de "front-end", normalmente usa-se um servidor web ou de cache. Em uma camada logo abaixo fica um balanceador de carga que permite que servidores Zope localizados na camada seguinte sejam escalados horizontalmente, permitindo maior desempenho e redundância.

Infraestrutura Plone/Zope em cinco camadas

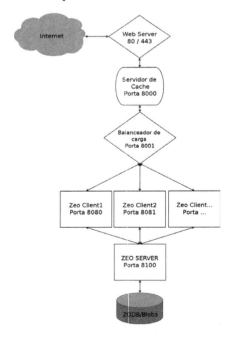

O que é servidor de cache?

Um servidor de cache tem como função acelerar o acesso a um determinado serviço, site ou sistema web através da utilização de cache.

Alguns servidores, os *proxies*, também realizam o trabalho de armazenamento de cache. Estes recebem pedidos de acesso a páginas web, devolvem-nas aos utilizadores e guardam-nas para que quando outro utilizador voltar a pedi-las, o acesso seja mais rápido. Varnish e Squid são exemplos de servidores de cache muito populares.

O que é servidor proxy?

Proxy é um servidor intermediário que recebe as requisições de um cliente e repassa para um outro servidor de *backend*. Normalmente é utilizado para expor ao mundo externo apenas um servidor, deixando servidores de aplicações protegidos nas redes internas. Alguns servidores *proxy* muito utilizados são: Squid, Varnish, Nginx, Haproxy, Pound.

O que é balanceador de carga?

Balanceador de carga é um software ou hardware que distribui as requisições do cliente para vários servidores internos (*backend*), fazendo com que a utilização dos recursos desses servidores seja distribuída. Este é um recurso muito utilizado para aumentar a performance e a escalabilidade de sistemas web. Alguns balanceadores de carga: Pound, Haproxy.

Instalando o produto plone.app.caching

Este produto faz a integração do Plone com as ferramentas de cache, sejam elas um servidor web (Apache ou Nginx) ou um servidor de *proxy* dedicado (Squid ou Varnish).

Na versão 4.3 este produto já vem incluído na instalação do Plone, sendo necessário apenas habilitá-lo. Em versões anteriores o procedimento de instalação é o mesmo utilizado para instalação de outros produtos, como veremos posteriormente.

Para instalar ou ativar o produto acesse a seção "Produtos" das configurações do site, selecione o "Suporte a cache HTTP 1.1.3" e depois clique em "Ativar".

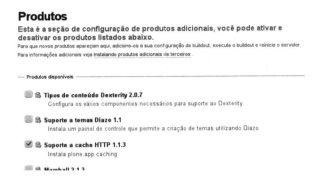

Após a instalação do produto estarão disponíveis opções de configuração e seus perfis de cache.

 Para instalações do Plone em servidores Windows pode-se utilizar o Enfold Proxy, uma vez que o Varnish não pode ser instalado neste sistema operacional.

Há cinco guias principais na tela de configuração: configurações globais, servidores de cache, cache em memória, operações de cache e uma última que mostra todas as configurações realizadas.

Configurações globais

As configurações desta guia são:

➢ **Habilitar cacheamento** – Permite ativar ou não o recurso armazenamento de objetos do cache.

➢ **Habilitar compressão Gzip** – Permite que as páginas sejam compactadas antes do envio para o navegador. A maioria dos navegadores atuais suporta este recurso, que pode fazer com que a abertura das páginas seja mais rápida, apesar de aumentar um pouco o uso de memória do servidor.

Servidores de cache

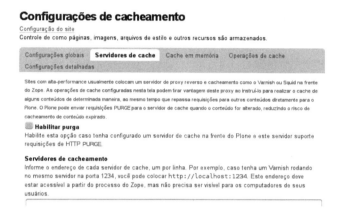

Esta guia apresenta as seguintes opções:

➢ **Habilitar purga** – Habilita a exclusão de objetos expirados da memória cache do servidor.

➢ **Servidores de cacheamento** – São cadastrados o(s) servidor(es) de cache que será(ão) utilizado(s).

➢ **Tipos de conteúdos a serem purgados** – Selecionam-se os itens que serão apagados/atualizados no servidor de cache.

➢ **Reescrita de *host* virtual ocorre na frente do servidor de cache** – Definição de onde é feita a reescrita de URLs, se é no próprio servidor de cache ou em um servidor web posicionado à frente do servidor de *proxy*.

➢ **Endereços externos** – Aqui fica a definição dos endereços do site que serão utilizados para o tratamento dos servidores de cache.

Cache em memória

Configurações de cacheamento

Configuração do site
Controle de como páginas, imagens, arquivos de estilo e outros recursos são armazenados.

Configurações globais	Servidores de cache	**Cache em memória**	Operações de cache
Configurações detalhadas			

O Plone mantém o cache de algumas páginas, e de fragmentos de página, em memória para acelerar o tempo de resposta. Algumas das operações de cache, quando mapeadas, podem ser utilizadas para armazenar páginas inteiras em um cache RAM. O uso do cache RAM permite que você ganhe em velocidade (e reduza o uso de CPU), em troca do uso de um pouco mais de memória. Observe que o cache RAM padrão é compartilhado entre as threads de uma mesma instância Zope, mas não entre instâncias diferentes. Desta maneira, caso esteja utilizando uma configuração com diversas instâncias ZEO você pode considerar ser mais eficiente segmentar seus usuários utilizando um distribuidor de carga de maneira que eles sempre acessem a mesma instância Zope. Uma alternativa é a utilização de um cache compartilhado como o *memcached*. Leia a documentação para um maior detalhamento.

Entradas máximas no cache =
Use isto para controlar a quantidade de itens que pode ser colocado no cache. Maior o número de itens, maior o consumo de memória.

`1000`

Idade máxima das entradas no cache =
Informe o tempo máximo, em segundos, que um item permanecerá em cache antes de ser purgado.

`3600`

Intervalo para limpeza =
Informe o tempo, em segundos, antes que seja tentada a limpeza do cache. Um valor menor pode reduzir o consumo de memória ao purgar os itens com mais frequência, mas também pode reduzir a velocidade do sistema ao executar tarefas de manutenção por muito tempo.

`300`

Esta guia apresenta as seguintes opções:

- **Entradas máximas no cache** – Define quantos objetos podem ser armazenados no cache.

- **Idade máxima das entradas no cache** – Tempo máximo que o item deve ficar no cache antes de ser purgado (apagado).

- **Intervalo para limpeza** – Determina o intervalo de tempo em que será realizada a limpeza (*purge*) do cache.

Operações de cache

Configurações de cacheamento

Configuração do site
Controle de como páginas, imagens, arquivos de estilo e outros recursos são armazenados.

| Configurações globais | Servidores de cache | Cache em memória | **Operações de cache** |
| Configurações detalhadas | | | |

O Cacheamento pode ser controlado mapeando *conjuntos de regras* para *operações de cache*.

Um **conjunto de regras** é o nome dado a um recurso publicado pelo Plone, como uma view. Conuntos de regras são declarados pelos desenvolvedores que escreveram estas views. Você pode pensar nelas como uma maneira de identificar como algum item deve ser cacheado, sem necessariamente implementar as operações de cache.

O mapeamento exato de uma operação de cache a um conjunto de regras é apresentado na tabela abaixo. As operações de cache usualmente irão definir cabeçalhos de resposta para informar ao navegador do usuário ou ao servidor de cache como armazenar o conteúdo. As operações também podem interceptar uma resposta e enviar uma cópia do conteúdo ou informar ao navegador para que use sua própria cópia, caso esta seja atual.

Mapeamento de conjunto de regras
Utilize a tabela abaixo para mapear um conjunto de regras para operações de cache.

Conjunto de regras	Operação
Canal de conteúdo Um canal dinâmico. ex: Utilizando RSS ou ATOM	Cache fraco
Imagens e arquivos de conteúdo Incluem imagens e arquivos que estão espaço do conteúdo.	Cache fraco
Visão para pasta de conteúdo Uma visão pública para um item de conteúdo que é uma pasta ou um container para outros itens.	Cache fraco
Visão para item de conteúdo Uma visão pública para um item de conteúdo que não é uma pasta ou um container para outros itens.	Cache fraco

Esta guia apresenta as seguintes opções:

> **Mapeamento de conjunto de regras** – Aqui são feitas as definições de como serão tratados os itens de conteúdo e outros elementos de página com relação a onde e como serão cacheados.

> **Mapeamento de modelos (*templates*) legados** – Aqui é definido o comportamento do cache com relação a *templates* não padrão legados ou customizados.

Configurações detalhadas

Configurações de cacheamento

Configuração do site
Controle de como páginas, imagens, arquivos de estilo e outros recursos são armazenados.

Configurações globais	Servidores de cache	Cache em memória	Operações de cache
Configurações detalhadas			

Várias operações de cache aceitam parâmetros que influenciam seu comportamento. Por exemplo, uma operação que retorne uma página cacheada em RAM pode aceitar parâmetros especificando o período de timeout antes que as páginas sejam re-calculadas. A maior parte das operações, por outro lado, possuirá "valores padrão aceitáveis", de maneira que elas funcionem corretamente mesmo que os parâmetros não sejam especificados. Note também que nem todas as operações suportam parâmetros.

Parâmetros podem ser definidos em dois níveis. Por padrão, os parâmetros são aplicados a todos os usos de uma operação em particular. Assim, caso você tenha definido uma operação a mais de um conjunto de regras, os *mesmos* parâmetros serão utilizados. Por outro lado, é possível sobreescrever os parâmetros para uma operação ou conjunto de regras em particular.
Atenção: Caso tenha realizado alterações em qualquer local deste formulário, você deve salvá-las antes de configurar qualquer parâmetro de uma operação, caso contrário suas alterações serão perdidas.

Parâmetros da operação
Utilize a tabela abaixo para criar, apagar e editar parâmetros de operação. Caso você apague os parâmetros de um conjunto de regras para uma operação específica os valores utilizados serão os da configuração global.

Conjunto de regras	Operação
Canal de conteúdo Um canal dinâmico. ex: Utilizando RSS ou ATOM	Cache fraco Visualizar/editar parâmetros globais Visualizar/editar/apagar parâmetros para um conjunto de regras
Imagens e arquivos de conteúdo Incluem imagens e arquivos que estão espaço do conteúdo.	Cache fraco Visualizar/editar parâmetros globais Visualizar/editar/apagar parâmetros para um conjunto de regras
Visão para pasta de conteúdo	Cache fraco

Aqui podem ser feitas configurações mais detalhadas em cada conjunto de regras de cache. Alterações de tempo de armazenamento no servidor de cache, no browser e na memória em cada um dos perfis de tratamento do cache, por exemplo, são feitas neste local.

Para habilitar o cache clique na opção "Habilitar cacheamento" e salve para aplicar as configurações.

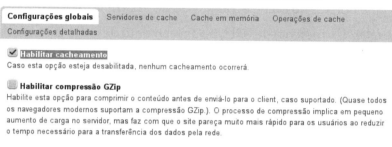

Ao ativar o cacheamento sem, no entanto, incluir nenhum servidor de *proxy*/cache, a aceleração da abertura de páginas será feita pelo próprio Plone. Um aumento considerável de performance já poderá ser observado, mas um ganho de desempenho desejável para um site em produção é conseguido somente com o uso de um servidor de cache, como veremos a seguir.

Varnish

Varnish é um software de código-fonte aberto distribuído gratuitamente sob a licença BSD. Trata-se de um eficiente acelerador HTTP ou seja, um *proxy*/cache, projetado para aumentar o desempenho de websites com grande volume de dados e acessos.

O Varnish hoje é um dos sofwares mais utilizados em situações onde se precisa aumentar a velocidade de sistemas de gerenciamento de conteúdo com problemas de performance ou em situações de alto tráfego.

Características:

> Seu principal objetivo é performance.

> Pode ser instalado em servidores de 32 ou 64 *bits*.

> É multiplataforma, podendo ser instalado em Linux e BSD.

> O gerenciamento de arquivos de *logs* é feito em memória, evitando assim gravações em disco desnecessárias. Também possui compatibilidade com o formato de *logs* no padrão do Apache.

- Possui total controle sobre as respostas às requisições.
- Permite a inclusão ou exclusão de cabeçalho, a remoção de *cookies*, a invalidação de objetos no cache e a alteração do TTL (*Time to Live*) dos pacotes.
- Pode realizar a reescrita de URLs, balanceamento de carga com checagem da saúde dos servidores internos.
- Tem total controle do que deve ou não ser salvo no cache. Implementa de forma parcial ESI (*Edge Side Includes*), permitindo assim, pelo código da aplicação, definir comportamentos diferenciados do cache para cada parte de uma página.
- Pode ser gerenciado via *telnet* utilizando a interface de linha de comando ou via console através de suas ferramentas próprias *VarnishHist, VarnishStat, VarnishTest, VarnishSizes e Varnishtop, VarnishLog, VarnishCsa*.

 Mais informações sobre Varnish: https://www.varnish-cache.org.

Instalando o Varnish

Para realizar a instalação do Varnish utilizaremos o Buildout para construir todo o ambiente necessário. Vamos inicialmente criar um diretório onde será colocada a estrutura de pastas do Varnish executando os comandos a seguir:

```
#mkdir /usr/local/Plone/varnish
#cd /usr/local/Plone/varnish
```

Copie o arquivo **bootstrap.py** da instalação do Plone feita anteriormente com o comando:

```
#cp /usr/local/Plone/zeocluster/bootstrap.py /usr/local/Plone/varnish/
```

Agora iremos criar um arquivo de Buildout que contenha os *recipes* necessários para a instalação e configuração do servidor de cache. Serão utilizados dois *recipes*, o **zc.recipe.cmmi**, que irá baixar o pacote de instalação Varnish e realizar a compilação (*configure, make* e *make install*), e o **plone.recipe.varnish**, que é responsável pelas configurações do servidor.

Crie um arquivo **buildout.cfg** com a seguinte configuração:

```
[buildout]
parts +=
    varnish-build
    varnish

[varnish-build]
recipe = zc.recipe.cmmi
url = http://repo.varnish-cache.org/source/varnish-3.0.3.tar.gz

[varnish]
recipe = plone.recipe.varnish
daemon = ${buildout:directory}/parts/varnish-build/sbin/varnishd
bind = 0.0.0.0:8000
backends = 127.0.0.1:8080
cache-size = 128M
user = nobody
varnish_version = 3
```

Fique atento para o valor do cache a ser utilizado, pois depende da memória RAM disponível em seu servidor. Aumente ou diminua este valor conforme necessário.

Para mais opções de configuração: https://pypi.python.org/pypi/plone.recipe.varnish.

Com o arquivo salvo, basta agora executar o *bootstrap* para a criação da primeira parte do ambiente para a instalação do Varnish:

```
#source /usr/local/Plone/Python-2.7/bin/activate
#python bootstrap.py
#deactivate
```

Para instalarmos o Varnish será necessária a instalação de alguns pacotes adicionais no sistema. São eles:

- autotools-dev
- automake1.9
- libtool
- libncurses-dev
- xsltproc
- libpcre3-dev
- pkg-config

Execute o seguinte comando para instalá-los:

```
#apt-get install autotools-dev automake1.9 libtool
libncurses-dev xsltproc libpcre3-dev pkg-config
```

Alguns pacotes necessários já vêm instalados por padrão no Debian 7 ou foram instalados em passos anteriores. Para a lista completa de dependências acesse: https://www.varnish-cache.org/docs/3.0/installation/install.html#build-dependencies-on-debian-ubuntu.

Com as dependências instaladas, poderemos agora executar o Buildout para a instalação e configuração do Varnish.

```
#bin/buildout -vvv
```

Após o término da execução do comando anterior, o software já estará instalado e poderemos iniciá-lo com o comando:

```
#bin/varnish
```

Para verificar se o serviço está no ar, execute:

```
#netstat -lpn | grep varnishd
```

Se o Varnish estiver sendo executado, o comando anterior deverá exibir uma saída semelhante a esta:

```
tcp   0      0 0.0.0.0:8000           0.0.0.0:*      OUÇA
1086/varnishd
```

Para finalizar a execução do Varnish faça:

```
#killall -9 varnishd
```

Integrando o Varnish com o Apache

Para realizar a integração vamos alterar a configuração do *virtual host* do Apache configurado anteriormente. Altere a configuração trocando a porta do **Zope (8080)** pela porta do **Varnish (8000)** no arquivo **plone.conf**, conforme o exemplo a seguir:

Altere a linha de:

```
RewriteRule ^/(.*)
http://localhost:8080/VirtualHostBase/http/localhost:80/
Plone/VirtualHostRoot/$1 [P,L]
```

Para:

```
RewriteRule ^/(.*)
http://localhost:8000/VirtualHostBase/http/localhost:80/
Plone/VirtualHostRoot/$1 [P,L]
```

Salve o arquivo e saia.

A partir de agora o Apache irá repassar as requisições para a porta **8000** do Varnish e este, por sua vez, irá encaminhá-las para a porta **8080** do Zope.

Importar configurações predefinidas de cache

Para que o cache funcione corretamente com o Plone temos que alterar também algumas definições do produto **plone.app.caching**. Primeiramente vamos importar configurações predefinidas para a utilização de um servidor de cache.

Para isso vá até o painel de configurações do Plone e em seguida acesse as configurações de cacheamento. Clique em "Importar configurações" e em seguida selecione "Com configurações de acelerador web" e clique em "Importar".

| Alterar as configurações | **Importar configurações** | Cache RAM |

Importar perfis de cacheamento

Configuração do site
Escolha um perfil abaixo para importar as configurações de cache. Perfis adicionais podem ser instalados por produtos de terceiros. **Atenção:**Esta ação pode sobreescrever configurações existentes.

◉ **Com configurações de acelerador web**
Configurações úteis para ambientes que utilizem um acelerador web como Squid ou Varnish

○ **Com configurações de acelerador web (e visões cacheadas)**
Um perfil de exemplo para configuração do cache com política de cacheamento habilitada para visões.

○ **Sem configurações de acelerador web**
Configurações úteis para ambientes que não utilizem um acelerador web como Squid ou Varnish

☑ **Armazene uma "foto" do site antes de importar as novas configurações.**
Isto permite o rollback para um estado anterior através da ferramenta *portal_setup*.

[Importar]

Habilite o purge *e insira o IP do Varnish*

Agora iremos habilitar o *purge* e inserir o endereço IP e a porta do Varnish.

Configurações de cacheamento

Configuração do site
Controle de como páginas, imagens, arquivos de estilo e outros recursos são armazenados.

| Configurações globais | **Servidores de cache** | Cache em memória | Operações de cache |
| Configurações detalhadas |

Sites com alta-performance usualmente colocam um servidor de proxy reverso e cacheamento como o Varnish ou Squid na frente do Zope. As operações de cache configuradas nesta tela podem tirar vantagem deste proxy ao instruí-lo para realizar o cache de alguns conteúdos de determinada maneira, ao mesmo tempo que repassa requisições para outros conteúdos diretamente para o Plone. O Plone pode enviar requisições PURGE para o servidor de cache quando o conteúdo for alterado, reduzindo o risco de cacheamento de conteúdo expirado.

☑ **Habilitar purga**
Habilite esta opção caso tenha configurado um servidor de cache na frente do Plone e este servidor suporte requisições de HTTP PURGE.

Servidores de cacheamento
Informe o endereço de cada servidor de cache, um por linha. Por exemplo, caso tenha um Varnish rodando no mesmo servidor na porta 1234, você pode colocar http://localhost:1234. Este endereço deve estar acessível a partir do processo do Zope, mas não precisa ser visível para os computadores de seus usuários.

```
http://127.0.0.1:8000
```

Selecione os itens a serem purgados, habilite a reescrita de URL (que é feita pelo Apache), adicione os endereços externos (os mesmos que o Apache escutará) e salve.

Testes de performance

Instalação do Apache Benchmark (ab)

Para verificarmos o desempenho do nosso ambiente, é necessário realizar testes comparativos de performance. Um software muito útil para esta tarefa é o utilitário **ab** (Apache Benchmark), que faz parte do pacote **apache2-utils**. Para instalá-lo utilizaremos o seguinte comando:

```
#apt-get install apache2-utils
```

Principais parâmetros de linha de comando do **ab**:

> **-n** – Número de requisições.

> **-c** – Concorrência – Número de requisições feitas simultaneamente.

Para mais opções de linha de comando digite: `ab --help`.

Utilização do Apache Benchmark

Para realizarmos comparações podemos fazer um teste simples de performance diretamente na porta do Zope.

```
#ab -n 100 -c 10 http://127.0.0.1:8080/Plone/
Benchmarking 127.0.0.1 (be patient).....done


Server Software:        Zope/(2.13.19,
Server Hostname:        192.168.25.8
Server Port:            8080


Document Path:          /Plone/
Document Length:        14128 bytes


Concurrency Level:      10
Time taken for tests:   3.867 seconds
Complete requests:      100
Failed requests:        0
Write errors:           0
Total transferred:      1442200 bytes
HTML transferred:       1412800 bytes
Requests per second:    25.86 [#/sec] (mean)
Time per request:       386.691 [ms] (mean)
Time per request:       38.669 [ms] (mean, across all con-
current requests)
Transfer rate:          364.22 [Kbytes/sec] received
```

```
Connection Times (ms)
              min   mean[+/-sd] median    max
Connect:        0     1     1.9      0      7
Processing:    73   372    68.2    387    437
Waiting:       65   367    68.4    377    430
Total:         74   373    66.8    387    437
```

Realize o mesmo teste na porta do Apache, que agora está integrado ao Varnish.

```
ab -n 100 -c 10 http://127.0.0.1:80/
Benchmarking 127.0.0.1 (be patient).....done


Server Software:        Zope/(2.13.19,
Server Hostname:        127.0.0.1
Server Port:            80


Document Path:          /
Document Length:        13743 bytes
Concurrency Level:      10
Time taken for tests:   0.942 seconds
Complete requests:      100
Failed requests:        0
Write errors:           0
Total transferred:      1432500 bytes
HTML transferred:       1374300 bytes
Requests per second:    106.11 [#/sec] (mean)
Time per request:       94.242 [ms] (mean)
Time per request:       9.424 [ms] (mean, across all con-
current requests)
Transfer rate:          1484.40 [Kbytes/sec] received
```

```
Connection Times (ms)
              min    mean[+/-sd]  median    max
Connect:       0      1   0.5       0        2
Processing:   47     90  20.2      87      135
Waiting:      46     89  20.3      87      134
Total:        48     90  20.1      88      135
```

Nos exemplos mostrados foram disparadas **100 requisições** no servidor Plone e no Apache com uma **concorrência de 10**, ou seja, dez conexões simultâneas. Fique atento à linha *Requests per second*, que mostra o número de requisições a que o servidor atendeu por segundo. Veja que o aumento nesses exemplos foi significativo (superior a 400%).

Os tempos de resposta podem variar bastante de acordo com as configurações dos componentes da solução e das configurações de hardware.

Pound

Pound é um *proxy* reverso, balanceador de carga e *front-end* HTTPS para servidores web. Ele foi desenvolvido para permitir a distribuição de carga entre vários servidores web e para permitir a utilização de SSL em servidores web que não oferecem esse recurso nativamente. Pound é distribuído sob licença GPL.

Em nossa infraestrutura Plone/Zope o Pound será o responsável por encaminhar para os *zeo-clients* as requisições recebidas pelo Varnish.

 Mais informações sobre Pound em http://www.apsis.ch/pound

Instalando o Pound

Um dos pré-requisitos para a instalação do Pound é a biblioteca **libssl-dev**. Ela é também um dos requisitos para a instalação do Plone. Caso não vá executar o Pound no mesmo servidor do Plone, realize a instalação com o seguinte comando:

```
#apt-get install libssl-dev
```

Otimização de Desempenho

Crie um diretório **pound**, onde será realizada a instalação do balanceador de carga com os comandos a seguir:

```
#mkdir /opt/plone/plone_install03/pound
#cd /opt/plone/plone_install03/pound
```

Copie o arquivo **bootstrap.py** da instalação do Plone com o comando:

```
#cp /usr/local/Plone/zeocluster/bootstrap.py /usr/local/Plone/pound/
```

Crie um arquivo **buildout.cfg** com a seguinte configuração:

```
[buildout]

parts +=
    pound-build
    pound
    cmd-createvar


[pound-build]
recipe = plone.recipe.pound:build
url = http://www.apsis.ch/pound/Pound-2.6.tgz

[pound]
recipe = plone.recipe.pound:config
executable = /usr/sbin/pound
daemon = 1
balancers =
    localhost 127.0.0.1:8001 127.0.0.1:8080,1,120
127.0.0.1:8081,2,120

[cmd-createvar]
recipe = iw.recipe.cmd
on_install = true
on_update = true
cmds =
    echo "criando estrutura de diretorios"
    mkdir -p ${buildout:directory}/var
```

Será utilizado o *recipe* **plone.recipe.pound** para a compilação e configuração do Pound.

Para mais opções de configuração do *recipe* plone.recipe.pound acesse: https://pypi.python.org/pypi/plone.recipe.pound/.

Com o arquivo **buildout.cfg** do Pound pronto basta executar o *bootstrap* para a criação do *script* de Buildout.

```
#source /usr/local/Plone/Python-2.7/bin/activate
#python bootstrap.py
#deactivate
```

Agora pode-se executar o Buildout.

```
#bin/buildout -vvv
```

Com a instalação concluída pode-se iniciá-lo com o comando:

```
#bin/poundctl start
```

Para interromper a execução use o comando:

```
#bin/poundctl stop
```

Para que o ambiente possa utilizar as vantagens do balanceamento de carga precisamos alterar a configuração do Varnish para que ele repasse as requisições para o Pound, e este, por sua vez, balanceie a carga entre as instâncias do Zope. Para isso pare o Varnish e altere a seguinte linha do seu arquivo Buildout para que aponte para a porta do Pound (8001):

Altere a linha de:

```
backends = 127.0.0.1:8080
```

Para:

```
backends = 127.0.0.1:8001
```

Execute o Buildout do Varnish para atualizar as configurações e inicie-o.

```
#bin/buildout -vvv
#bin/varnish
```

Usando o Munin para analisar performance

Uma boa forma de monitorar a performance de um ambiente Plone/Zope é utilizar uma ferramenta que gere gráficos com as informações de desempenho. Uma ferramenta útil para esta tarefa é o Munin. Este software pode gerar gráficos de quatro parâmetros do Zope:

- ➤ Memória.
- ➤ Cache.
- ➤ ZODB.
- ➤ *Threads*.

Para criar os gráficos com o Munin é necessário fazer a instalação do produto **munin.zope**, que coleta as informações do próprio Munin no sistema operacional. A instalação do Munin no Linux é bem simples e normalmente é dividida em três pacotes: **munin**, **munin-node** e **munin-plugins**.

 Verifique a documentação do Munin para detalhes de integração com o servidor Apache.

Instalando o Munin

Caso haja apenas um servidor, apenas os pacotes **munin** e **munin-node** são necessários. Caso adicione mais servidores rodando instâncias Plone em seu ambiente, basta adicionar o pacote **munin-node** em cada um deles. Para instalar o **munin** no Debian execute os seguintes comandos:

```
#apt-get install munin munin-node
```

 Para mais informações sobre Munin acesse: http://munin-monitoring.org/.

Instalando o produto munin.zope

A instalação do **munin.zope** segue os mesmos passos de outras instalações de produtos no Plone. Insira uma nova *part* chamada *munin*, inclua o nome do produto na seção de *eggs* do **buildout.cfg** e em seguida adicione uma seção chamada *munin* no final do arquivo, como mostrado a seguir:

```
[buildout]
parts =
    ...
    munin


eggs =
    ...
    munin.zope
```

Adicione a seção *munin* no final do arquivo, salve e execute o Buildout.

```
[munin]
recipe = zc.recipe.egg
eggs = munin.zope
arguments = http_address='${instance:http-address}',
user='${instance:user}'
```

Na configuração da seção *munin* do Buildout substitua *instance* pelo nome da instância de sua instalação. Ex.: *client1* ou *client2*.

Para mais informações sobre o produto acesse: http://pypi.python.org/pypi/munin.zope/.

Com o **munin.zope** instalado e com o Zeoserver e as instâncias iniciadas, já é possível colher algumas informações de memória acessando **http://ip_do_servidor:8080/@@munin.zope.plugins/zopememory.**

Para informações de cache acesse: **http://ip_do_servidor:8080/@@munin.zope.plugins/zopecache.**

Para informações de atividades do banco de dados acesse: **http://ip_do_servidor:8080/@@munin.zope.plugins/zodbactivity.**

Instalando os plug-ins do munin.zope

Para integrar o **munin.zope** ao Munin instalado no sistema é preciso fazer a instalação dos plug-ins. Para isso, a partir do diretório de instalação do Plone (*zeocluster* ou *zinstance*) execute:

```
# bin/munin install /etc/munin/plugins
```

Serão exibidas as seguintes mensagens:

```
installed symlink /etc/munin/plugins/nome-do-servidor_zope-cache_zinstance
installed symlink /etc/munin/plugins/nome-do-servidor_zope-memory_zinstance
installed symlink /etc/munin/plugins/nome-do-servidor_zodbactivity_zinstance
installed symlink /etc/munin/plugins/nome-do-servidor_zope-threads_zinstance
```

Com os plug-ins instalados pode-se realizar o teste via linha de comando, como mostrado a seguir:

```
# /etc/munin/plugins/nome-do-servidor_zopecache_zinstance
Total_objects_in_database.value 13056.0
Total_objects_in_all_caches.value 17.0
Target_number_to_cache.value 30000.0
```

Após cinco minutos verifique o diretório **/var/cache/munin/www**, pois serão geradas imagens e arquivos HTML com os gráficos de performance do seu ambiente.

Veja alguns gráficos gerados:

ZODB activity

Este gráfico mostra a relação entre o total de conexões e o total de objetos carregados. Se o número de conexões aumenta, mas o número de objetos não, significa que várias conexões estão acessando os mesmos objetos.

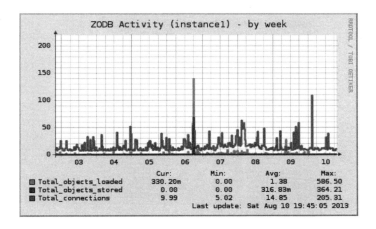

Zope threads

O gráfico de *threads* indica o número de *threads* sendo utilizadas e o número de *threads* livres. A imagem indica que, de um total de sete *threads*, três estão livres.

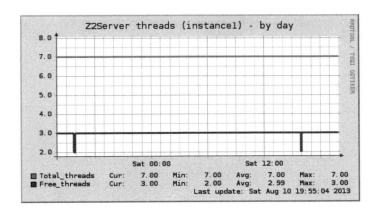

Zope cache

O gráfico a seguir mostra a correlação entre o número de objetos do banco de dados, o número de objetos no cache e o número máximo de objetos a serem armazenados em cache (*target*). O exemplo mostra que o número máximo de objetos no cache deve ser aumentado.

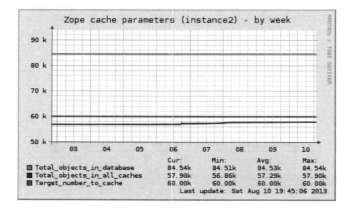

Zope memory

Já este gráfico mostra a relação entre várias estatísticas de uso de memória. Neste exemplo, o fato do valor de *VmPeak* superar os valores de *VmSize* em alguns momentos indica que mais memória é necessária.

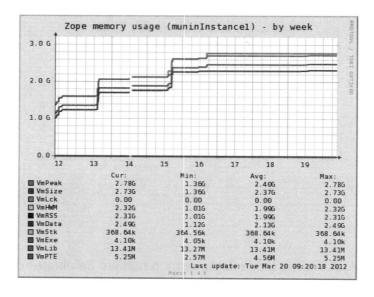

Capítulo 12. Instalando Produtos

O Plone por padrão já traz inúmeras funcionalidades que atendem à maioria dos projetos, mas ainda assim existem formas de expandir seus recursos através de produtos. Produtos são como plug-ins que adicionam funcionalidades extras.

Caso precise de uma funcionalidade que não esteja presente na instalação padrão, você pode fazer uma pesquisa no site **Plone.org** (http://plone.org/products), ou até mesmo no **Python Package Index** (https://pypi.python.org/pypi), por um produto extra.

Plone Survey

O Plone Survey é um produto interessante. Ele adiciona a funcionalidade de criação de enquetes, pesquisas e questionários ao site Plone.

Instalação do produto

Para instalar vamos adicionar o produto na seção *eggs* do **buildout.cfg**, como no exemplo a seguir:

```
eggs =
    ...
    Products.PloneSurvey
```

Salve o arquivo, pare a execução do Plone (caso ele esteja rodando) e execute o Buildout para baixar e instalar o produto:

```
#cd /usr/local/Plone/zeocluster
#bin/plonectl stop
#sudo -u plone_buildout bin/buildout -vvv
```

Após o final da execução do Buildout serão exibidas as seguintes informações:

```
*************** PICKED VERSIONS ***************
[versions]
Products.PloneSurvey = 1.4.6


#Required by:
```

```
#z3c.rml 2.2.0
pyPdf = 1.13


#Required by:
#z3c.rml 2.2.0
reportlab = 2.7


#Required by:
#z3c.rml 2.2.0
svg2rlg = 0.3


#Required by:
#Products.PloneSurvey 1.4.6
z3c.rml = 2.2.0
```

Agora basta iniciar novamente o Plone:

```
#bin/plonectl start
```

Acesse o Plone e ative o Plone Survey no painel de produtos das configurações do site:

Depois de ativado, um novo item estará disponível para adição ao site:

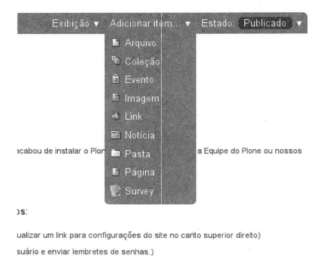

Veja a seguir um exemplo de questionário criado com o Plone Survey:

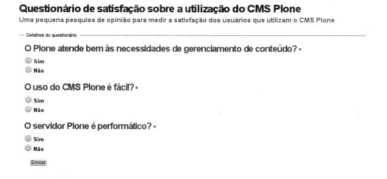

 Mais informações sobre o produto em: http://plone.org/products/plonesurvey.

Social Like

sc.social.like
by Simples Consultoria — last modified Mar 26, 2013 01:28 PM

Social Like is a Plone package providing simple Google+, Twitter and Facebook integration for Plone Content Types

15 likes, 0 dislikes
Log in to rate.

Project Description

Social: Like Actions (sc.social.like)
Table of Contents

Este é um produto simples que realiza a integração do Plone com redes sociais como Google+, Twitter e Facebook.

Instalação do produto

Para instalar vamos adicionar o produto na seção *eggs* do **buildout.cfg**, como no exemplo a seguir:

```
eggs =
    ...
    sc.social.like
```

Com o arquivo salvo, agora basta apenas executar o buildout:

```
#sudo -u plone_buildout bin/buildout -vvv
```

Ative o Social Like no painel de produtos das configurações do site:

- **Plone Survey 1.4.6**
  A survey product for Plone.
- **Suporte a atualização da sessão 3.5.3**
  Suporte a atualização periódica de sessão (opcional)
- ☑ **Social: Ações de Curtir 1.0.1**
  A simple, yet useful, social networking integration for Plone

Após a ativação, o produto precisará de algumas configurações específicas. Acesse a opção de configuração de produtos que estará disponível no painel de configurações do site e defina o comportamento do produto como na imagem a seguir:

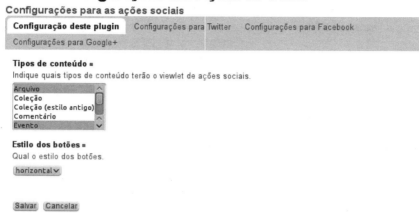

Depois de configurado o produto, serão exibidos os botões das redes sociais para os itens de conteúdo selecionados:

 Mais informações sobre o produto em: http://plone.org/products/sc.social.like.

Instalando produtos via ZMI

A instalação e a remoção de produtos também podem ser feitas pela ZMI (*Zope Management Interface*). Para realizar a tarefa siga os passos:

1. Acesse a ZMI.
2. Vá até *Portal_quickinstaller*.
3. Selecione o produto a ser instalado ou desinstalado e clique no botão correspondente.

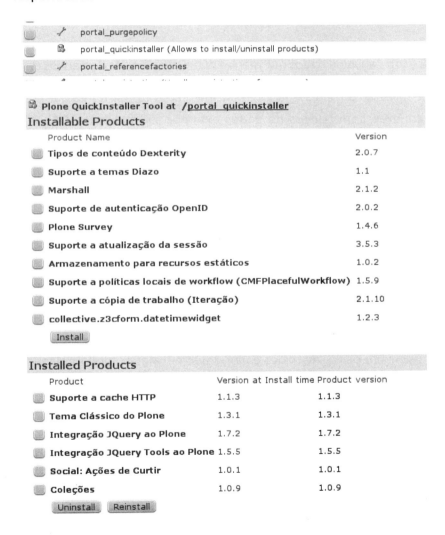

Capítulo 13. Integração com Bancos de Dados

O ZODB é um banco de dados que atende bem à maioria das demandas de um site, mas há situações em que é necessário realizar conexões com bancos de dados externos para utilização de bases legadas e para integração com sistemas que já existem.

Para a conexão com bancos de dados externos são utilizados **DAs** (*Database Adapters*), que são componentes que criam uma camada de abstração no ambiente do Zope, permitindo utilizar os conectores específicos de cada banco de dados do Python.

Faremos a configuração básica de conexão com o servidor **MySQL**.

Instalando o servidor MySQL

Para que façamos a integração com o SGBD MySQL, faz-se necessário uma instalação deste banco. A instalação do MySQL e das suas bibliotecas de desenvolvimento do cliente no Debian podem ser feitas pelo comando:

```
#apt-get install mysql-server libmysqlclient-dev
```

Caso já tenha um banco de dados configurado em algum servidor da rede, basta realizar a instalação das bibliotecas de desenvolvimento do cliente.

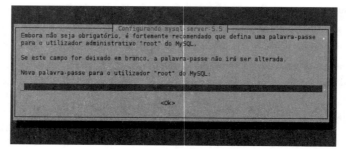

No final da instalação será solicitada uma senha (palavra-passe) para o usuário *root* do MySQL. Preencha com o que lhe for mais conveniente, mas lembre-se de que iremos precisar desta senha para a integração com o Plone e para administração futura do banco de dados.

 Mais informações sobre MySQL e suas configurações em: http://dev.mysql.com.

Instalando o conector do Python

Para instalar o conector que permite a manipulação do banco MySQL utilizando a linguagem Python vamos adicionar o produto **Mysql_Python** na seção *eggs* do **buildout.cfg,** como no exemplo a seguir:

```
eggs =
    ...
    MySQL_python
```

Em seguida basta salvar o arquivo e executar o Buildout:

```
#sudo -u plone_buildout bin/buildout -vvv
```

Instalando o DA ZMySQLDA

Para permitir a conexão do Plone com o banco de dados MySQL será necessária a instalação de um componente extra, o **ZMySQLDA,** que é o DA (*Database Adapter*).

Vamos fazer o download do ZMySQLDA. Para isso, execute os comandos:

```
#cd /usr/src
#wget http://sourceforge.net/projects/mysql-python/files/zmysqlda/3.1.1/ZMySQLDA-3.1.1.tar.gz
```

Descompacte o arquivo e copie-o para o diretório **products** da instalação do Plone e, em seguida, altere suas permissões:

```
#tar -xvzf ZMySQLDA-3.1.1.tar.gz
#cp -rfv ZmySQLDA /usr/local/Plone/zeocluster/products/
```

```
#cd /usr/local/Plone/zeocluster/products/
#chown plone_buildout:plone_group ZMySQLDA/ -R
```

Em seguida inicie o Zeoserver e uma das instâncias em modo *debug* para verificar se está tudo correto:

```
#cd ..
#bin/zeoserver start
#bin/client1 fg
```

Caso não haja nenhum erro, inicie o Plone normalmente para configurar a conexão com o SGBD.

Dentro da interface do Zope, adicione uma **Z MySQL Database Connection** no menu *dropdown*, como mostrado a seguir:

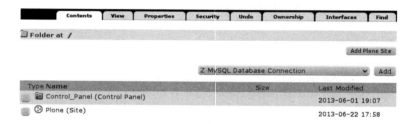

Digite as informações de conexão ao MySQL na tela seguinte, de acordo com o formato (banco usuário senha).

Integração com Bancos de Dados   99

No exemplo anterior usamos o banco **mysql** (que é criado durante a instalação do servidor MySQL), o usuário *root* e a senha *admin*. Substitua esses dados de acordo com o seu banco de dados.

A partir deste ponto, realize um teste na conexão acessando o objeto **MySQL_database_connection** recém-criado.

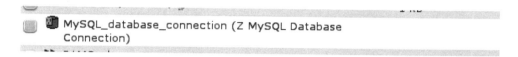

Para testar a conexão é preciso executar comandos SQL, para ver se o banco de dados retorna alguma resposta. No exemplo a seguir utilizaremos o comando **show tables**, que lista todas as tabelas do banco configurado anteriormente. Vá até a guia "Test" do objeto de conexão com MySQL e digite o comando **show tables** para verificação da conexão.

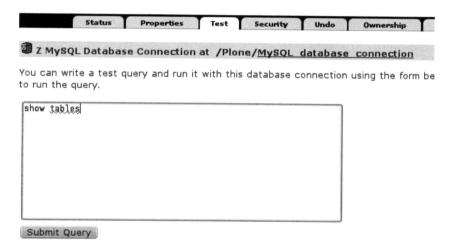

Ao clicar em "Submit Query" será mostrado o conteúdo da consulta, como pode ser visto a seguir:

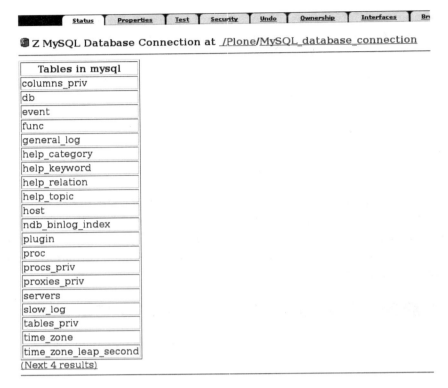

SQL Used:

show tables

Realizar consultas desse jeito não é muito prático. A melhor forma de fazê-lo é utilizando objetos ZSQL, que nos permitem executar comandos SQL. Mais informações em:

http://docs.zope.org/zope2/zope2book/RelationalDatabases.html;

http://doc.dvgu.ru/www/zope/zsql/ZSQL.html.

Suporte a ODBC

Há situações em que é necessário utilizar um banco de dados como SQLServer ou Oracle, e os conectores livres não possuem muitas funcionalidades. Nesses casos podemos usar um conector ODBC comercial da Egenix.

O link a seguir traz informações detalhadas de como realizar a instalação do conector ODBC nas versões 4.0, 4.1 e 4.2 (provavelmente deve funcionar em versões posteriores, mas são necessários testes).

http://www.egenix.com/products/zope/mxODBCZopeDA/

Conexão com o banco Oracle

Há também a possibilidade de conexão com o banco Oracle usando o módulo *open source* **cx_Oracle**. O link a seguir mostra um passo a passo de conexão com o Oracle usando o produto **SQLAlchemy** em conjunto com o módulo *open source* **cx_Oracle**.

http://www.boureliou.com/technoblog/blog/2009/connecting-to-oracle-with-sqlachemy-and-plone-integration

Capítulo 14. Métodos de Autenticação

O Plone possui um mecanismo de autenticação interno que é eficiente, mas em alguns casos torna-se necessário utilizar um método de autenticação externo. Para esta tarefa existe o **PAS** (*Pluggable Autentication Service*). O **PlonePAS** é um componente que pode ser expandido por plug-ins que fazem com que o Plone seja capaz de se comunicar com diversos mecanismos de autenticação externos, tais como:

> Autenticação NTLM (automaticamente autentica no sistema caso esteja em um domínio Windows – *Active Directory*).

> LDAP.

> Bancos de dados relacionais.

> Ou até mesmo a mistura de vários destes.

Integração com servidor LDAP

Um mecanismo de autenticação externa muito utilizado é o LDAP (*Lightweight Directory Access Protocol*). LDAP é um protocolo de pesquisa e atualização de diretórios muito popular. Resumindo, com ele monta-se um servidor onde ficam armazenadas informações diversas de usuários, como nome de login e senha, que são utilizadas por vários sistemas que necessitam de uma fonte de autenticação.

Para proceder com a integração ao Plone é necessário instalar um servidor LDAP. Desconsidere o passo a passo de instalação a seguir, caso já tenha um servidor configurado em seu ambiente.

Instalando um servidor LDAP

Vamos instalar um LDAP e configurá-lo de maneira simples para testar a autenticação. Para isso execute o comando a seguir:

```
#apt-get install slapd ldap-utils migrationtools
```

Durante a instalação dos pacotes será solicitada a senha do administrador do servidor. Digite a senha que preferir e confirme.

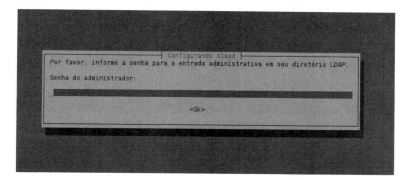

O *script* de instalação é finalizado neste momento, mas as configurações ainda estão incompletas. Para que o servidor funcione corretamente, execute o comando a seguir para definirmos os demais parâmetros de configuração:

```
#dpkg-reconfigure slapd
```

Será exibida a tela a seguir perguntando se quer omitir (cancelar) a configuração do servidor. Responda "Não".

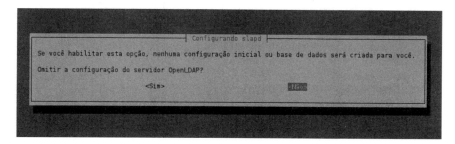

Na próxima tela será solicitado o nome do domínio DNS. Digite algo que reflita a configuração do seu ambiente. Por exemplo, se digitar **empresa.com** será gerada uma **base DN dc=empresa, dc=com**. Guarde esta informação com cuidado, pois ela é imprescindível na hora de configurar a conexão no Plone.

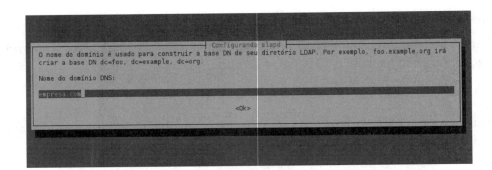

A seguir será solicitado o nome da organização que será utilizado na base DN. Insira de acordo com as informações adicionadas anteriormente.

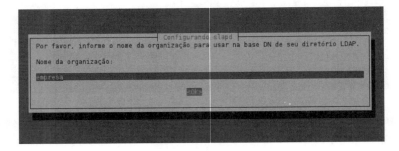

A senha do usuário administrador será solicitada novamente. Insira a senha digitada anteriormente e confirme.

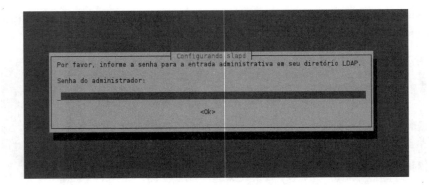

A próxima configuração será a seleção do *backend* de banco de dados a ser utilizado pelo servidor LDAP. Mantenha a opção que vem marcada por padrão.

Métodos de Autenticação 105

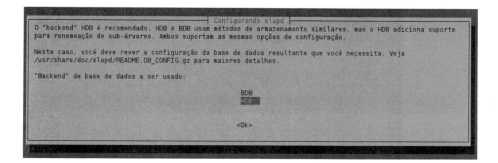

O banco de dados do LDAP pode ser apagado caso o pacote **slapd** seja excluído. Aceite o padrão.

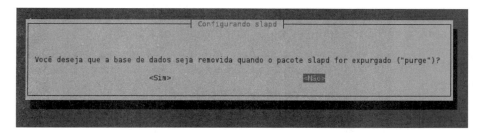

Mais uma opção de configuração é exibida; desta vez trata-se da remoção dos arquivos de uma base de dados antiga. Deixe o padrão.

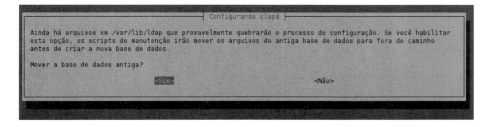

O servidor LDAP pode trabalhar com o protocolo LDAPv2, que é mais antigo, mas esta opção vem desabilitada por padrão. Neste ponto da configuração pode-se habilitá-lo ou não. Mantenha a resposta padrão caso não necessite deste recurso.

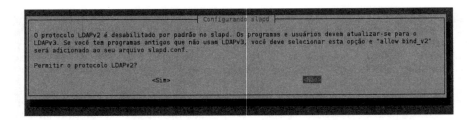

Testando LDAP

Execute o comando a seguir para verificar se o servidor está funcionando corretamente:

```
#ldapsearch -x -b dc=treinamento,dc=local
```

Ao executar o comando serão exibidas as informações a seguir:

```
# extended LDIF
#
# LDAPv3
# base <dc=empresa,dc=com> with scope subtree
# filter: (objectclass=*)
# requesting: ALL
#


# empresa.com
dn: dc=empresa,dc=com
objectClass: top
objectClass: dcObject
objectClass: organization
o: empresa
dc: empresa


# admin, empresa.com
dn: cn=admin,dc=empresa,dc=com
```

```
objectClass: simpleSecurityObject
objectClass: organizationalRole
cn: admin
description: LDAP administrator

# search result
search: 2
result: 0 Success

# numResponses: 3
# numEntries: 2
```

Criação de usuários

Para testar o acesso precisaremos ter usuários cadastrados no servidor LDAP. A criação de usuários no LDAP pode ser feita pela importação de arquivos **ldif** ou usando ferramentas de gerenciamento próprias. No exemplo a seguir iremos criar usuários no Linux e, posteriormente, importá-los no servidor LDAP a partir de um arquivo **ldif** criado usando as ferramentas do pacote **migrationtools**. Caso seu Linux não tenha usuários cadastrados, faça a criação deles com o comando a seguir:

```
#adduser nome_do_usuario
```

Será solicitada a senha inicial do usuário a ser criado, além de outras informações úteis. Repita o comando para cada usuário que desejar cadastrar. Caso já tenha usuários em seu sistema, execute os passos seguintes.

Será necessário alterar o arquivo **migrate_common.ph** para ajustar as configurações do arquivo ao ambiente. Entre no diretório do arquivo:

```
# cd /usr/share/migrationtools/
```

Altere o seguinte parâmetro que está na **linha 71** ajustando a configuração do servidor LDAP.
De:

```
$DEFAULT_MAIL_DOMAIN = «padl.com»;
```

Para:

```
$DEFAULT_MAIL_DOMAIN = "empresa.com";
```

Altere igualmente o parâmetro que está na **linha74**.

De:

```
$DEFAULT_BASE = "dc=padl,dc=com";
```

Para:

```
$DEFAULT_BASE = "dc=empresa,dc=com";
```

Com essas configurações feitas e o arquivo salvo, poderá ser gerada a lista de usuários com base nas configurações criadas no Linux. Para isso execute o comando a seguir:

```
#./migrate_passwd.pl /etc/passwd /usr/src/passwd.ldif
```

Será necessário criar uma unidade organizacional que conterá os usuários do LDAP. Crie em **/usr/src** um arquivo **colaboradores.ldif** com o seguinte conteúdo:

```
dn: ou=Colaboradores, dc=empresa, dc=com
ou: Colaboradores
objectclass: organizationalUnit
```

Ajustando o arquivo que contém os usuários:

```
#sed -i 's/People/Colaboradores/g' /usr/src/passwd.ldif
```

Com os arquivos criados pode-se finalmente importar as informações da unidade organizacional e em seguida importar os usuários no LDAP.

Importando a unidade organizacional

```
# ldapadd -x -W -D "cn=admin,dc=empresa,dc=com" -f /usr/src/colaboradores.ldif
```

Será solicitada a senha do usuário administrador do LDAP que foi criada durante a instalação:

```
Enter LDAP Password:
```

```
adding new entry "ou=Colaboradores, dc=empresa, dc=com"
```

Importando os usuários

```
#ldapadd -x -W -D "cn=admin,dc=empresa,dc=com" -f /usr/src/passwd.ldif
```

O comando retornará uma saída semelhante a esta:

```
adding new entry "uid=statd,ou=Colaboradores,dc=empresa,dc=com"
adding new entry "uid=sshd,ou=Colaboradores,dc=empresa,dc=com"
adding new entry "uid=usuario,ou=Colaboradores,dc=empresa,dc=com"
adding new entry "uid=messagebus,ou=Colaboradores,dc=empresa,dc=com"
adding new entry "uid=plone,ou=Colaboradores,dc=empresa,dc=com"
adding new entry "uid=plone_daemon,ou=Colaboradores,dc=empresa,dc=com"
adding new entry "uid=plone_buildout,ou=Colaboradores,dc=empresa,dc=com"
adding new entry "uid=openldap,ou=Colaboradores,dc=empresa,dc=com"
adding new entry "uid=jose,ou=Colaboradores,dc=empresa,dc=com"
adding new entry "uid=maria,ou=Colaboradores,dc=empresa,dc=com"
adding new entry "uid=joao,ou=Colaboradores,dc=empresa,dc=com"
adding new entry "uid=ana,ou=Colaboradores,dc=empresa,dc=com"
```

Instalando o produto Plone.app.ldap

Com os usuários cadastrados, poderá ser instalado o produto que faz a conexão do Plone com o servidor LDAP, o **Plone.app.ldap**.

Inclua o produto na seção *eggs* do arquivo **buildout.cfg**:

```
eggs =
    ...
    plone.app.ldap
```

Antes de executar o Buildout será necessário instalar as bibliotecas de desenvolvimento necessárias para o funcionamento do produto:

```
# apt-get install libldap2-dev libsasl2-dev
```

Com as dependências instaladas o Buildout já poderá ser executado:

```
# sudo -u plone_buildout bin/buildout -vvv
```

A partir deste ponto inicie o Zeoserver e uma das instâncias em modo *debug* para verificar se está tudo correto:

```
#cd ..
#bin/zeoserver start
#bin/client1 fg
```

Se não ocorrer nenhum erro, execute as instâncias normalmente e ative o produto no painel de configurações do site:

Pode-se agora realizar a configuração da conexão com o servidor LDAP. Para isso acesse a **ZMI > acl_users** e adicione o **Plone LDAP Plugin.**

Configure-o como o exemplo a seguir:

Add Plone LDAP Plugin

Add a new Plone LDAP plugin to your site.

ID	Servidor LDAP 1		
Title	Servidor LDAP 1		
LDAP Server[:port]	localhost	Use SSL: LDAP	Read-only ☑
Login Name Attribute	UID (uid)		
User ID Attribute	UID (uid)		
RDN Attribute	UID (uid)		
Users Base DN	ou=Colaboradores,dc=empresa,dc=com	Scope	SUBTREE
Group storage	Groups stored on LDAP server		
Groups Base DN	ou=Colaboradores,dc=empresa,dc=com	Scope	SUBTREE
Manager DN		Password	
User password encryption	SHA		
Default User Roles	Anonymous,Member		

Add

As informações que devem ser adicionadas obrigatoriamente são:

1. **Endereço do servidor.** No exemplo o acesso é apenas de leitura.
2. **Title.** Um identificador para a configuração de servidor LDAP.
3. **Login Name, User ID e RDN.** Definem a forma como o usuário será buscado (*uid*, *cn* ou e-mail).
4. **Users Base DN.** Localização dos usuários no LDAP.
5. **Groups Base DN.** Localização dos grupos no LDAP. No exemplo utilizamos a mesma informação dos usuários. Ajuste para o seu ambiente.
6. **User object classes.** Classes que identificam um objeto usuário no LDAP (*account*, *posixAccount*, *top*).

7. **Default Roles.** Perfil padrão do usuário autenticado.

Acesse o objeto de conexão com o LDAP criado e selecione todos os plug-ins disponíveis, como na tela a seguir:

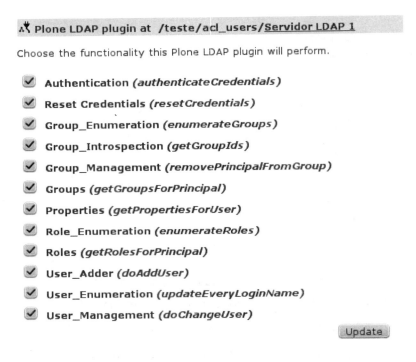

Depois desses passos, testes de autenticação podem ser feitos utilizando alguns dos usuários importados nos passos anteriores, para verificar o funcionamento via LDAP.

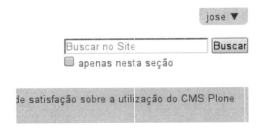

Todos os usuários importados podem agora realizar a autenticação no site Plone.

Capítulo 15. Instalação de Temas

Para muitos projetos, os temas disponíveis para download no site plone.org (http://plone.org/products) ou no Python Package Index (http://pypi.python.org) já são suficientes para se ter um site com um aspecto profissional. Caso não seja possível desenvolver um tema, utilizar um desses pode ser uma boa alternativa.

Pesquisando por temas no site plone.org

Há temas disponíveis para instalação via Buildout e temas instaláveis via Diazo. Veja qual deles lhe agrada, baixe e faça a instalação de acordo com as instruções a seguir.

Instalação de Temas 115

Instalando temas via Buildout

Para temas instaláveis via Buildout faz-se necessária a inclusão do nome do tema na seção *eggs* do arquivo **buildout.cfg**.

Como exemplo, poderia ser feita a instalação do tema **World Plone Day 2011 theme** (http://plone.org/products/beyondskins.ploneday.site2011). Adicione o nome do tema no arquivo de Buildout:

```
eggs =
    ...
    beyondskins.ploneday.site2011
```

Salve e em seguida execute o comando Buildout para aplicar as configurações.

Ativando o tema no Plone

Após reiniciar o Plone, ative o tema da mesma forma que é feita a ativação de qualquer outro produto.

O tema é aplicado logo após a ativação.

Instalando temas Diazo

A partir da versão 4.3 é possível editar o tema do site pelo navegador através do painel de configurações do Plone. Apenas conhecimentos básicos de HTML, CSS e de XML são pré-requisitos.

O que é Diazo

Diazo é uma tecnologia que permite aplicar um tema feito em HTML estático em um site dinâmico que rode em um servidor de aplicação qualquer. Com Diazo, você pode pegar um HTML criado pelo web designer e transformá-lo em um tema para o CMS, redesenhar a interface de uma aplicação web legada sem mesmo ter acesso ao código-fonte original ou criar uma experiência de usuário unificada entre vários sistemas diferentes em apenas algumas horas, e não semanas.

Temas criados para Diazo normalmente são compostos de um *template* HTML e um arquivo de regras XML empacotados em um arquivo zip.

Mais informações sobre Diazo podem ser encontradas em: **http:// docs.diazo.org**, **http://developer.plone.org/templates_css_and_ javascripts/diazo.html** e **http://developer.plone.org/reference_ manuals/external/plone.app.theming/userguide.html**.

Instalando o tema no Plone

No exemplo a seguir iremos realizar o download e a instalação do tema SunRain (http://plone.org/products/sunrain-plone-theme) e em seguida acessaremos as configurações do site para fazer a instalação.

Ativando o suporte ao Diazo

A versão 4.3 do Plone já traz o Diazo instalado, mas ele não vem ativado por padrão. Para ativar acesse a seção de produtos das configurações do site e ative-o.

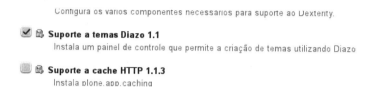

Acessando a configuração de temas

Nas configurações do tema podemos ativar o tema **Twitter Bootstrap Example** que vem instalado ou podemos realizar o *upload* de um novo.

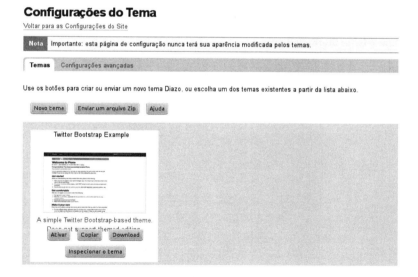

Instale o tema

Na tela a seguir é mostrado o momento de *upload* de um novo tema.

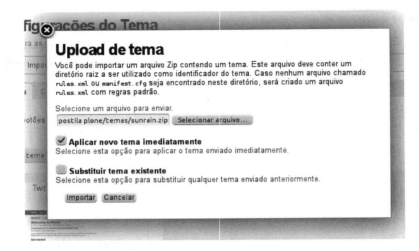

Na tela a seguir é possível fazer alterações no tema diretamente pelo navegador.

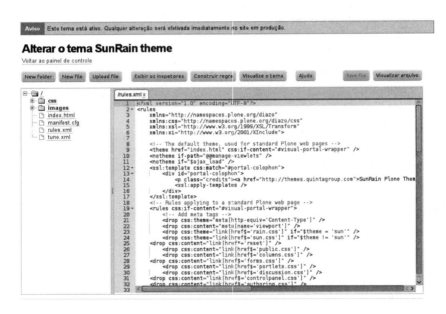

Instalação de Temas 119

Com o tema ativado, basta acessar a página principal para ver o tema aplicado.

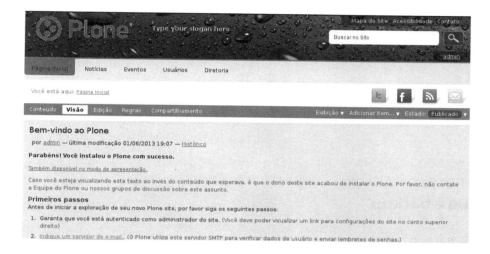

Capítulo 16. Backup e Restore

O que é backup

Em TI, backup ou cópia de segurança é a cópia de dados de um dispositivo de armazenamento para outro dispositivo para que se possa realizar a restauração dessas informações em caso da perda dos dados originais. A perda de dados pode ocorrer devido a sinistros diversos como apagamentos acidentais, corrupção de dados ou eventos inesperados como falha de hardware ou software ou até mesmo desastres naturais.

Tipos de backup

- **Completo (*Full*).** Os dados são replicados para o dispositivo de destino em sua totalidade.
- **Incremental.** É feita a cópia somente dos dados que foram modificados desde o último backup realizado.
- **Diferencial.** É feita a cópia dos dados modificados desde o último backup completo.

Com os recursos padrão do Plone somente é possível realizar backups completos e incrementais. O backup diferencial não está disponível.

Do que fazer backup?

1. Conteúdos armazenados no arquivo **Data.fs**, no diretório **var** da instância Zope e, em versões superiores à versão 4 do Plone, também no **Blob,** que

guarda arquivos binários e imagens diretamente no *filesystem* do servidor, localizado por padrão na pasta **var/blobstorage.**

2. Quaisquer alterações realizadas em arquivos do sistema operacional.
3. Produtos instalados na pasta **Products** (comum em versões anteriores à 4 e em produtos antigos).
4. Métodos externos (*external methods*) salvos na pasta **Extensions** (principalmente para desenvolvedores).
5. Arquivos de configuração do Zope – Arquivos do Buildout.
6. Arquivos de linguagem que tenham sido traduzidos.
7. Produtos desenvolvidos normalmente salvos nos diretórios **src** e **develop-eggs**.

O backup dos produtos não é obrigatório, mas é desejável. É possível restaurá-los a partir de arquivos em repositórios da internet (como o SVN do Plone), no entanto, quando você precisar restaurar seu portal a partir de um backup, as mesmas versões dos produtos instalados serão necessárias.

Métodos

Com relação ao backup do conteúdo do site, devem ser feitas as cópias de segurança do **Data.fs** e das imagens e arquivos estáticos gravados diretamente no *filesystem* do servidor (Blob).

Para esta tarefa abordaremos aqui três métodos para a realização do backup. Cada um possui características próprias que devem ser conhecidas para que se possa escolher qual se encaixa melhor em cada situação. Para realizar o backup do banco de dados do Plone podemos usar:

- Repozo.
- Shutdown.
- Pack.

Repozo

A utilização do *script* **repozo.py** é a melhor forma de realizar o backup desde as versões mais antigas do Plone, pois com ele é possível fazer a cópia dos dados de forma segura e automatizada sem que seja necessário interromper o funcionamento do site. É o método ideal para backup de um ambiente Zope/Plone em produção.

O Repozo pode fazer um backup completo ou incremental dos dados armazenados no arquivo **Data.fs**. Um backup completo do banco de dados do Zope pode ocupar um espaço considerável de disco ou na rede. É possível realizar um backup incremental para poupar esses recursos. O *script* **repozo.py** pode ser encontrado no diretório **bin** de sua instalação do Plone/Zope. Ele contém um parâmetro de ajuda que exibe informações sobre suas opções de linha de comando. A ajuda do *script* pode ser chamada com:

```
#bin/repozo --help
```

Será mostrada então a lista de opções disponíveis:

```
Usage: bin/repozo [options]
Where:
    Exactly one of -B or -R must be specified:
    -B / --backup
        Backup current ZODB file.
    -R / --recover
        Restore a ZODB file from a backup
    -v / --verbose
        Verbose mode
    -h / --help
        Print this text and exit.
    -r dir
    --repository=dir
        Repository directory containing the backup files.
This argument is required.  The directory must already exist.  You should not edit the files in this directory, or add your own files to it.
    Options for -B/--backup:
    -f file
    --file=file
        Source Data.fs file.  This argument is required.


    -F / --full
```

```
          Force a full backup.  By default, an incremental
backup is made if possible (e.g., if a pack has occurred
since the last incremental backup, a full backup is neces-
sary).
     -Q / --quick
          Verify via md5 checksum only the last incremental
written.  This significantly reduces the disk i/o at the
(theoretical) cost of inconsistency.  This is a probabilis-
tic way of determining whether a full backup is necessary.
     -z / --gzip
          Compress with gzip the backup files.  Uses the de-
fault zlib compression level.  By default, gzip compression
is not used.
     -k / --kill-old-on-full
          If a full backup is created, remove any prior full
or incremental backup files (and associated metadata files)
from the repository
          directory.
Options for -R/--recover:
     -D str
     --date=str
          Recover state as of this date.  Specify UTC (not
local) time.
               yyyy-mm-dd[-hh[-mm[-ss]]]
          By default, current time is used.
     -o filename
     --output=filename
          Write recovered ZODB to given file.  By default,
the file is written to stdout.
          Note:  for the stdout case, the index file will
**not** be restored automatically.
```

Dentre as principais opções para backup estão o backup *full*, incremental, com compactação, localização dos arquivos de backup e remoção de backups antigos.

O produto **Collective.recipe.backup** facilita o processo de configuração e execução do backup. Com ele faz-se a configuração de detalhes do backup através do arquivo de Buildout. Outra vantagem é que este *recipe* permite realizar o backup tanto dos dados armazenados no **Data.fs** quanto aqueles armazenados no **Blob**, que fica no *filesystem* do servidor.

> Este *recipe* já vem instalado por padrão na versão 4.3. http://pypi.python.org/pypi/collective.recipe.backup.

O *recipe* **Collective.recipe.backup** cria cinco *scripts* para realização de backup e *restore* localizados no diretório **bin** da instância. São eles:

> **backup** – Realiza um backup incremental do **Data.fs** e do Blob.

> **fullbackup** – Realiza um backup completo (*full*) do **Data.fs** e do Blob.

> **restore** – Faz a restauração do backup feito pelo *script* **backup**.

> **snapshotbackup** – Faz um backup completo (*full*) do **Data.fs** e do Blob e os salva em um lugar diferente do backup normal.

> **snapshoptrestore** – Faz o *restore* do backup feito pelo *script* **snapshotbackup**.

As configurações que detalham o funcionamento de cada *script* são feitas na seção backup do arquivo **base.cfg**, como mostrado a seguir:

```
[backup]
# This recipe builds the backup, restore and snapshotbackup
commands.
# For options see http://pypi.python.org/pypi/collective.
recipe.backup
recipe = collective.recipe.backup
location = ${buildout:backups-dir}/backups
blobbackuplocation = ${buildout:backups-dir}/blobstoragebackups
snapshotlocation = ${buildout:backups-dir}/snapshotbackups
blobsnapshotlocation = ${buildout:backups-dir}/blobstoragesnapshots
datafs = ${buildout:var-dir}/filestorage/Data.fs
blob-storage = ${buildout:var-dir}/blobstorage
```

Parâmetros extras como quantidade de backups a serem armazenados podem ser adicionados.

Por padrão, os *scripts* usam o software **rsync** para realizar o backup dos arquivos binários (Blob). Para instalá-lo execute o seguinte comando:

```
#apt-get install rsync
```

Para executar um backup incremental basta chamar o *script* com o comando:

```
#bin/backup
```

Já para um backup *full* basta chamar o *script* com o comando:

```
#bin/snapshotbackup
```

Shutdown do Zope para backup do banco de dados

A maneira mais fácil e segura para o backup do banco de dados é parar a execução do Zope (*shutdown*), copiar o arquivo **Data.fs** para um local seguro e iniciá-lo novamente. No momento do *downtime* pode-se também realizar a cópia dos diretórios do Blob localizados em **var/blobstorage/**.

Este método é simples e seguro, mas tem uma grande desvantagem: seus sites não estarão operacionais durante o processo de cópia. Para um site que precise de um alto nível de disponibilidade esta provavelmente não é a melhor opção.

Backup utilizando o pack do banco de dados

Outra forma segura de se fazer backup do **Data.fs** sem deixar os sites indisponíveis é através do *pack* do banco de dados na ZMI (*Zope Management Interface*). Para isso acesse **Painel de Controle > Gerenciamento de Banco de Dados > Principal > Pack** ou a seção **Manutenção** do painel de configurações do Plone.

A execução do *pack* cria um arquivo **Data.fs.old** com o conteúdo anterior do banco de dados. Após o empacotamento o Plone passará a escrever em um novo arquivo **Data.fs** de tamanho muito menor, sendo possível a partir daí fazer uma cópia segura do **Data.fs.old**.

É importante certificar-se de fazer o backup da versão do banco de dados gerada pelo *pack*, ou seja, o arquivo **Data.fs.old**. O procedimento do *pack* remove do arquivo de banco de dados corrente as versões antigas de objetos e documentos arquivados até uma certa data, reduzindo, portanto, o seu tamanho.

O empacotamento (*pack*) pode também ser realizado via *script*, o que permite uma execução automatizada. O *script* que realiza o *pack* fica localizado no diretório **bin** da instância, podendo ser executado com o comando:

```
# bin/zeopack
```

Por padrão, a execução do *script* remove todas as versões arquivadas de objetos com mais de um dia de idade.

Após o *pack*, não é mais possível reverter as transações realizadas.

Este método não elimina a necessidade do backup dos arquivos armazenados no *filesystem* do servidor (Blob) localizados em var/blobstorage/.

Efetuando o restore

Ao executar **bin/restore** será realizada a restauração do último backup incremental do **Data.fs** e o *restore* do **blobstorage**, se houver algum. Caso não haja backup incremental, será feita a restauração do último backup completo.

Pode-se restaurar o último **snapshotbackup** com **/bin/snapshotrestore**.

Realizar a restauração de um backup de uma data específica também é possível. Para tanto, basta adicionar o argumento de data à linha de comando no formato **yyyy-mm-dd[-hh[-mm[-ss]]]** (ano-dia-hora-minuto-segundo). Veja o exemplo:

```
#bin/restore 1972-12-25
```

Por ser um comando potencialmente perigoso, o *script* de *restore* pede uma confirmação antes de iniciar o processo. Para prosseguir com a restauração deve-se digitar explicitamente a palavra "yes" para confirmar.

```
This will replace the filestorage (Data.fs).
This will replace the blobstorage.
Are you sure? (Yes/No)?
```

Automatização do backup

Realizar os procedimentos de backup executando *scripts* manualmente é efetivo, mas não é nada prático. O ideal é automatizar esse procedimento para que a rotina de backup seja feita de forma autônoma. Um recurso muito utilizado é o **cron**, do Linux.

 Em sistemas Windows pode-se fazer o mesmo usando o agendador de tarefas.

O **cron** permite que agendemos a execução de diversas tarefas. Em nosso caso podemos fazer o agendamento da execução dos *scripts* de backup do Plone.

O *recipe* **z3c.recipe.usercrontab** nos ajuda a configurar o **cron** usando o Buildout. Para usá-lo adicione uma nova *part* (peça) ao seu arquivo de Buildout de acordo com o exemplo a seguir:

```
[buildout]
parts =
    ...
    cron
[cron]
recipe = z3c.recipe.usercrontab
command = ${buildout:directory}/bin/backup
times = 0 0 * * *
```

No exemplo foi adicionada uma nova seção no arquivo de Buildout que contém o *recipe* e o comando a ser agendado, assim como o horário de execução. O parâmetro **times** define o horário de execução de acordo com os padrões do **cron**:

➢ O primeiro campo define os minutos, de 0 a 59.

➢ O segundo campo define as horas, de 0 a 23.

➢ O terceiro campo define o dia do mês, de 1 a 31.

➢ O quarto campo define o mês, de 1 a 12.

➢ O quinto campo define o dia da semana, de 0 a 7.

Para mais informações sobre o **cron** abra o seu manual com o comando:

```
#man 5 crontab
```

Após configurar o arquivo, execute o Buildout para efetivar as definições. Para conferir se o **cron** foi realmente configurado execute o comando:

```
#crontab -l
```

O resultado será semelhante ao mostrado a seguir:

```
# Generated by /usr/local/Plone/zeocluster/ [cron]
0 0 * * *  /usr/local/Plone/zeocluster/bin/backup
# END /usr/local/Plone/zeocluster/ [cron]
```

 Para mais informações sobre o *recipe* **z3c.recipe.usercrontab acesse: https://pypi.python.org/pypi/z3c.recipe.usercrontab.**

Fontes de Documentação e Referências

www.plone.org/documentation

www.plone.org.br (em português)

developer.plone.org

www.zope.org

docs.zope.org

www.python.org

pypi.python.org (repositório de produtos)

Lista Zope-pt – br.groups.yahoo.com/group/zope-pt

Impresso nas oficinas da
SERMOGRAF - ARTES GRÁFICAS E EDITORA LTDA.
Rua São Sebastião, 199 - Petrópolis - RJ
Tel.: (24)2237-3769